B1

Sylvie Pons

Pascale Trévisiol

Anne Veillon Leroux

hachette
FRANÇAIS LANGUE ÉTRANGÈRE
www.hachettefle.fr

Crédits photographiques

p. 39 © Gérard Paris-Clavel pour Ne pas plier 1999 ; p. 52 © Cabu/Journal à Paris n° 20 ; p. 54 © 2012 The M.C. Escher Company-The Netherlands. All rights reserved. www.mcescher.com ; p. 71 © CoLLecT-IF/GHB ; p. 88 © Gallimard

Autres : © Shutterstock

Couverture : Nicolas Piroux
Adaptation graphique et mise en page : Médiamax
Illustrations : Marie-Anne Bonneterre
Correction : Lucie Martinet
Coordination éditoriale : Claire Dupuis

ISBN : 978-2-01-155815-2

SOMMAIRE

La vie au quotidien

1 LEXIQUE

Complétez l'article à l'aide des mots de la liste. Faites les transformations nécessaires.

look – porter – soigné – vêtement – tenue vestimentaire – image – négligé – costume-cravate – décontracté – adapté – excentrique – chic – code vestimentaire – s'habiller

La liberté vestimentaire au travail

Chacun .... comme il l'entend, sauf sur son lieu de travail, où il ne dispose pas toujours de cette liberté. Jusqu'où les employeurs peuvent-ils intervenir dans cet art du paraître, par lequel s'épanouit notre personnalité ?

Si un employeur peut interdire de porter tel ou tel .... ou imposer une .... particulière, il ne dispose pas pour autant d'un pouvoir absolu dans le choix du .... de ses salariés. L'interdiction ou l'obligation doit être liée à la nature de l'activité et répondre à un objectif précis, comme la protection de l' .... de l'entreprise auprès du public.

On observe fréquemment un .... dans les entreprises. Les salariés .... alors une tenue .... et représentative de l'entreprise dans laquelle ils travaillent. Par exemple, une tenue très .... peut être demandée dans une boutique de luxe, où la clientèle est généralement exigeante. Ou encore un employeur peut imposer le port d'un .... aux commerciaux rencontrant des clients.

Certaines entreprises françaises ont adopté la mode du *casual Friday*, qui autorise les salariés à avoir une tenue vestimentaire plus .... le vendredi. Venue des États-Unis, cette pratique s'est diffusée en premier lieu dans les filiales françaises de sociétés américaines, puis dans les start-up[1]. Mais tout n'est pas pour autant permis. Il vaut mieux éviter les tenues .... Même en été, les shorts et les tongs restent malvenus au bureau. Le port du polo est admis, par exemple, à condition toutefois qu'il soit de bonne tenue. Le pull-over peut remplacer le duo chemise-cravate, s'il est .... Au final, vous pouvez être « cool », mais vous ne devez surtout pas paraître ....

D'après www.dossierfamilial.com, août 2012.

1. **Start-up :** jeune entreprise au fort potentiel de croissance.

2 COMPRENDRE • ÉCRIT

Reconstituez ce mail en mettant les phrases dans l'ordre.

a. Si tu es disponible, on pourrait se voir ce week-end pour mettre tout ça au point.

b. Bonne nouvelle, je viens de recevoir une convocation à un entretien pour le poste de vendeuse dans la librairie où tu travaillais avant. Finalement, tu avais raison ! J'ai bien fait d'envoyer ma candidature !

c. À plus. Bises, Sophie.

d. Salut Cécile,

e. Je voulais donc te remercier, car tes conseils pour la rédaction de la lettre m'ont été précieux. Je ne sais pas si j'y serais arrivée sans toi...

f. Comme tu y as déjà travaillé, tu dois bien connaître cette librairie et tu pourras certainement m'aider pour ça.

g. Il y a autre chose, je voudrais savoir comment m'habiller ce jour-là.

h. Mais j'ai encore besoin de toi. J'aimerais que tu me donnes des renseignements sur l'entreprise. Je pense que c'est important car, pendant l'entretien, ils vont sûrement me poser des questions pour vérifier si je me suis déjà intéressée à eux.

i. Les vendeurs ont un look plutôt jeune, mais je ne suis pas sûre que ce soit une bonne idée d'arriver en jean pour l'entretien ! Qu'en penses-tu ?

j. Un dîner à la maison samedi soir, ça te dit ? Tiens-moi au courant.

1	......
2	......
3	......
4	......
5	......
6	......
7	......
8	......
9	......
10	......

3 S'EXPRIMER

Vous êtes intéressé(e) par l'annonce suivante. Avant de vous décider à suivre l'une des formations proposées, vous écrivez un mail à l'école pour demander des informations complémentaires.

Emploi

Vous êtes créatif ? Vous aimez la mode ?
Vous avez souvent des idées hors du commun ?

Devenez un professionnel de la mode grâce à

Mode & co Paris

STYLISTE – MODÉLISTE
CRÉATEUR DESIGN MODE – RESPONSABLE DE COLLECTION

Écrivez-nous à info@modecoparis.com
➲ pour recevoir plus d'informations
➲ pour poser vos questions
➲ pour vous inscrire à nos formations

....

....

....

....

....

....

Outils pour...

› Caractériser des personnes et des comportements

1 LEXIQUE

a) Lisez les caractéristiques des prénoms *Adrien* et *Chloé* et retrouvez les qualités associées aux prénoms.

1. Les Adrien sont aimables, ils prennent le temps nécessaire lorsque l'on a besoin d'eux. Ils ont les pieds sur terre. Ils savent prendre des décisions, sont dynamiques mais peuvent parfois être nerveux.

A *MABILITÉ*
D _ _ _ O _ _ _ _ _ _ _ T _
R _ _ _ I _ _ _
I _ _ T _ _ _ _ V _
E _ _ _ G _ _
N _ _ _ _ S _ _ _

2. Les Chloé sont honnêtes. Elles aiment plaisanter. On peut leur confier un secret. Elles savent être méthodiques et agir efficacement.

C *ONFIANCE*
H _ M _ _ _
L _ Y _ _ T _
O _ _ _ _ _ _ S _ _ _ _ _ _
E _ _ _ C _ C _ _ _

b) À votre tour, formez votre prénom sur une feuille séparée en associant chaque lettre à un trait de personnalité.

2 LEXIQUE

Observez ces dessins. Lisez les descriptions puis écrivez une description contraire.

1. Mon voisin est poli, honnête, calme, paisible, sympathique, ouvert d'esprit et toujours souriant.

....

2. Elle est rigoureuse, organisée, dynamique, précise, à l'aise en public, diplomate et donc très compétente.

....

3 GRAMMAIRE

Complétez ces deux descriptions avec *qui*, *que*, *dont* ou *où*.

1. Toulouse est une ville .... compte presque 450 000 habitants, ... est surnommée la ville rose, ... de nombreux étudiants font leurs études, ... on parle souvent pour son dynamisme culturel, ... les habitants sont fiers, ... tous apprécient pour son climat et .... vous pourriez passer de très bonnes vacances !
2. Ma voisine est une femme .... a une forte personnalité, ... j'apprécie beaucoup, ... habite ici depuis très longtemps, ... la gentillesse est visible, ... me rend souvent des services, ... j'aide à mon tour quand je le peux et .... l'âge reste un mystère !
3. Le restaurant .... j'ai dîné hier soir est un restaurant gastronomique .... vient d'ouvrir, ... la cuisine est très raffinée, ... propose des spécialités originales et .... le chef a reçu un prix l'année dernière.

4 GRAMMAIRE

Entourez la proposition qui convient pour compléter les phrases suivantes.

1. Le taxi que **j'ai appelé / vous avez besoin / je l'ai appelé** va arriver dans cinq minutes.
2. La personne dont **je connais / je t'ai parlé / j'ai rencontré** hier est ma voisine.
3. La ville où **je t'ai parlé / j'ai visité / je suis né** est située dans le sud de la France.
4. C'est une question qui **on m'a posé / me préoccupe / je me souviens** toujours.
5. L'histoire que **je vais te raconter / tu m'as parlé / m'amuse** est une histoire vraie.
6. C'est un restaurant où **j'aime / est très populaire / je me rappelle** avoir bien mangé.

5 GRAMMAIRE

a) Complétez librement les phrases suivantes.

1. Le plus beau jour de ma vie, c'est le jour où ....
....
2. Mon pire souvenir, c'est la fois où ....
....

b) Complétez librement les phrases avec *qui*, *que* ou *dont*. Utilisez plusieurs pronoms relatifs pour chaque phrase.

1. La personne la plus importante pour moi, c'est quelqu'un ....
....
2. Mon objet préféré, c'est un objet ....
....
3. Ma musique préférée, c'est la musique ....
....

6 GRAMMAIRE

Complétez ces témoignages avec *ceux qui, ce qui, ceux que, ce que, ce dont* ou *ceux dont*.

1. .... compte le plus pour moi dans un vêtement, c'est qu'il soit chic et confortable.
2. Les vêtements que je préfère, ce sont .... je n'ai pas besoin de repasser mais surtout .... je ne regrette pas l'achat, même plusieurs mois après !
3. .... je n'aime pas dans la mode actuelle et qui m'énerve, ce sont les pantalons taille basse mais .... me plaît, ce sont les couleurs vives que l'on trouve dans tous les modèles.
4. La mode ? C'est............................on parle le plus entre copines.
5. .... viennent dans cette boutique cherchent souvent le modèle unique.

7 GRAMMAIRE

a) Observez ces dessins. Continuez la phrase, comme dans l'exemple.

1. 2. 3.

Les hommes que l'on préfère, ce sont...

Exemple : ceux qui ***nous font des cadeaux****.*

1. ceux qui..
2. ceux qui..
3. ceux qui..

b) De la même manière, faites les portraits suivants.

1. La meilleure amie, c'est :

a. celle qui..
b. celle que..
c. celle dont..

2. Le patron idéal, c'est :

a. celui qui..
b. celui que..
c. celui dont..

Points de vue sur...

1 ⊙1 COMPRENDRE • ORAL

a) Écoutez cet extrait et répondez aux questions.

1. Quel est le titre de l'émission ?

....

2. Où exerce le docteur Moizan ?

....

b) Vrai ou faux ? Réécoutez l'extrait et répondez.

	Vrai	Faux
1. Aujourd'hui, seules les stars ont recours à la chirurgie esthétique.	❑	❑
2. Le docteur Moizan a plus de femmes que d'hommes dans sa clientèle.	❑	❑
3. Quel que soit leur âge, tous cherchent à améliorer leur image.	❑	❑
4. La psychologie est au programme des études d'un chirurgien plasticien.	❑	❑
5. Véronique a fait un lifting car elle avait peur du vieillissement.	❑	❑
6. Christèle est très contente du résultat de son opération.	❑	❑
7. Patrick était complexé car il ne supportait pas le regard des autres sur lui.	❑	❑

POINT vocabulaire

c) Relevez les mots ou expressions équivalents dans l'extrait.

1. devenir habituel → ....
2. être un privilège exclusif → ....
3. un sujet dont on ne doit pas parler → ....
4. les personnes qui adhèrent → ....
5. des personnes qui consultent un médecin → ....
6. se transformer complètement → ....

2 LEXIQUE

Retrouvez les significations des opérations suivantes de chirurgie esthétique.

1. une rhinoplastie
2. une liposuccion
3. une pose d'implants
4. un lifting

a. un ajout de cheveux
b. une correction des rides du visage
c. une aspiration des graisses sous la peau
d. une correction du nez

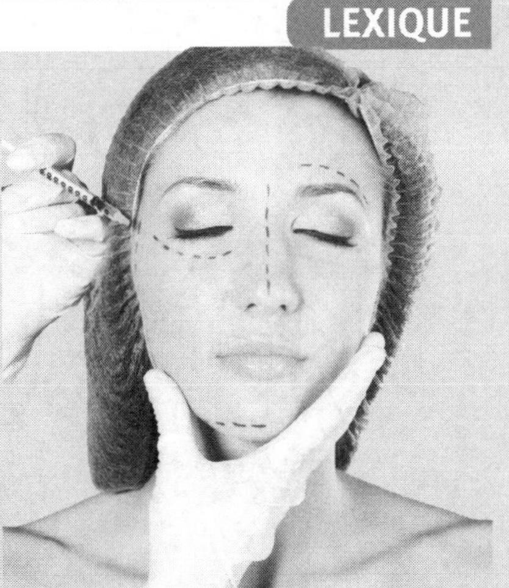

COMPRENDRE • ÉCRIT

Lisez ce texte et répondez aux questions.

Accepteriez-vous d'être relooké pour trouver du travail ?

Et si, pour reprendre confiance en soi et améliorer ses chances de trouver un travail, il fallait juste changer de look ? Si vous pensiez que l'apparence n'a pas beaucoup de valeur et qu'il suffisait surtout de rester soi-même le jour de l'entretien professionnel, vous seriez surpris de constater que la réalité est souvent différente. C'est pourquoi Pôle Emploi propose une « journée de relooking » censée rappeler toute l'importance de l'estime de soi et de l'image que l'on dégage quand on cherche à décrocher un emploi.

Des ateliers répartis en cinq thèmes pour (re)prendre confiance en soi

Au programme ? Estime de soi, présentation et gestion de l'expression orale. Le but ? Prendre conscience de l'importance de l'apparence lors d'un entretien d'embauche grâce à des conseils de professionnels pour adapter sa tenue vestimentaire, sa coiffure, mais aussi son allure, sa gestuelle, sa démarche et sa diction ! Après le travail sur l'apparence, vient l'étape de la présentation. Une fois leur CV retravaillé, il s'agira pour les participants de mimer la recherche d'emploi sous forme d'entretiens face à un directeur des ressources humaines.

D'après Marie-Claire.fr, février 2011.

1. Pour quelles raisons faudrait-il changer de look ?

....

2. Pourquoi est-ce que Pôle Emploi propose une journée de relooking ?

....

3. Sur quels aspects cette opération insiste-t-elle ?

....

4. Par qui cette journée de relooking est-elle animée ?

....

5. Sur quels points précis se fait le travail de relooking ?

....

LEXIQUE

Sur une feuille séparée, décrivez ces deux personnes avant et après une opération de chirurgie esthétique : quelle(s) transformation(s) remarquez-vous ?

1. 2.

Exemple : Il s'est fait enlever une verrue...

Outils pour…

› Donner des ordres et faire des suggestions

1 GRAMMAIRE

Transformez ces conseils en utilisant le subjonctif présent, comme dans l'exemple.

Exemple : Tu dois être plus sérieux dans ton travail. → Il faut que ***tu sois plus sérieux dans ton travail.***

1. Elle devrait faire attention à la manière dont elle s'habille.
   Il faudrait que ……………………………………………………………………
2. Nous devons prendre un rendez-vous chez le médecin très vite.
   Il est nécessaire que ……………………………………………………………………
3. Tu devrais choisir un nouveau look plus branché !
   Il vaudrait mieux que ……………………………………………………………………
4. Elle doit absolument venir dans mon bureau tout de suite.
   Il faut absolument que ……………………………………………………………………
5. Vous devriez répondre à cette annonce qui correspond bien à votre profil.
   Ce serait bien que ……………………………………………………………………

2 S'EXPRIMER

Pour mieux vivre et travailler ensemble, un centre de formation en relations humaines et professionnelles a déterminé six profils types de collègues. Votre voisin(e) a des problèmes avec un(e) collègue correspondant à l'un de ces profils.
Sur une feuille séparée, vous lui donnez des conseils pour mieux s'entendre avec lui/elle.

Exemple : Avec un collègue « promoteur », il faut que tu apprennes à garder tes distances.

LES PROMOTEURS

Très adaptables, ils s'entendent avec tout le monde. Chaleureux, charmeurs, persuasifs, ce sont des séducteurs. Ils aiment les « challenges ». Leur défaut ? Ils sont facilement manipulateurs.

Les rebelles

Spontanés, ludiques, créatifs, ils savent apprécier l'instant présent et saisir la balle au bond[1]. Le contact ne les effraie pas. Ils le recherchent volontiers et se montrent disposés à collaborer, pourvu qu'on ne leur demande pas les infos de but en blanc[2]. La plaisanterie est leur porte d'entrée.

Les travaillomanes

Organisés, logiques, responsables. Ils savent structurer leur temps. Souvent, ce sont des chefs que le relationnel intéresse peu.

Les rêveurs

Calmes, réfléchis, imaginatifs et doux. Leur principal besoin psychologique est la solitude. Aller déjeuner seul ne les dérange pas, au contraire. Ni d'être isolés du reste du groupe. La difficulté (pour eux comme pour nous) est qu'on ne les croit pas très sociables.

Les empathiques

Chaleureux, sensibles, attentifs au bien-être de chacun. Ils ont besoin d'être reconnus pour ce qu'ils sont, plus que pour ce qu'ils font. Ils aiment qu'on les prenne par les sentiments.

Les persévérants

Classiques, consciencieux. Ils ont des jugements tranchés sur tout. Ils parlent de tous les sujets qui fâchent. Ce qu'ils apprécient ? Qu'on accepte le débat d'idées.

D'après *Avantages*.

1. **Saisir la balle au bond :** profiter d'une occasion favorable.
2. **De but en blanc :** brusquement, de manière abrupte.

› Exprimer des sentiments

3 LEXIQUE

À côté de chaque *smiley*, notez l'adjectif correspondant au sentiment exprimé en choisissant dans la liste. Tous les adjectifs ne sont pas utilisés. (Plusieurs réponses sont parfois possibles.)

heureux – étonné – déçu – inquiet – méfiant – soulagé – furieux – intéressé – dégoûté – rêveur – jaloux – satisfait – effrayé – triste – choqué – frustré – curieux – exaspéré – désespéré – indifférent – indécis – surpris

1.  *Exemple : triste*

4.  ....

7. ....

2.  ....

5. 

8.  ....

3.  ....

6.  ....

9.  ....

 GRAMMAIRE

Faites une seule phrase en employant le subjonctif (présent ou passé) ou l'infinitif (présent ou passé).

Exemple : Elle a été reçue au concours d'entrée de cette école de mode. Elle est soulagée.
→ Elle est soulagée d'avoir été reçue au concours d'entrée de cette école de mode.

1. Je ne peux pas aller chez mes amis ce week-end. Je suis déçue.

....

2. Tu as raté ton train ? Tu as dû être furieuse.

....

3. Elle a obtenu de bons résultats scolaires. Ses parents sont fiers.

....

4. On lui a proposé une promotion dans son travail. Paul est très content.

....

5. Vous pouvez passer une semaine au soleil ? Nous sommes ravis pour vous.

....

 GRAMMAIRE

Que dites-vous dans ces situations ?

Exemple : Une de vos amies vient de rencontrer l'homme de ses rêves.
→ Je suis content(e) que tu aies enfin rencontré l'homme de tes rêves !

1. Vos parents devaient arriver par le train de 16 heures, mais vous êtes à la gare et ils ne sont pas descendus du train. Leur téléphone ne répond pas.

....

2. Votre meilleure amie vous dit qu'elle n'a pas été admise au concours d'entrée d'une école de commerce.

....

3. Votre sœur vous annonce qu'elle attend un bébé.

....

4. Votre fils de seize ans vous prévient qu'il ne veut pas partir avec vous en vacances.

....

5. Vous venez d'apprendre que votre mari/femme part dix jours en mission aux Seychelles.

....

6. Votre belle-mère s'invite chez vous pour deux semaines de vacances, sans vous prévenir.

....

6 GRAMMAIRE

Sur une feuille séparée, reformulez cette lettre en employant le subjonctif (présent ou passé) ou l'infinitif (présent ou passé) après les expressions soulignées. Faites les transformations nécessaires.

Courrier des lecteurs

Ma fille de 16 ans est folle des piercings et tatouages en tous genres !... Je suis inquiète : elle fait comme ses copines et ne se rend pas compte du danger de ces pratiques... Je suis également furieuse car elle a pris rendez-vous chez un tatoueur sans me consulter. Je n'ai plus aucune influence sur elle et je le regrette. Quant à son père, il est exaspéré : elle ne nous obéit plus et n'en fait qu'à sa tête ! Nous avons peur parce qu'elle n'est pas assez mûre pour tenter ce genre d'expérience et elle peut tomber entre de mauvaises mains. C'est ce que nous craignons. Qu'en pensez-vous ?

Christine, 45 ans

7 LEXIQUE

Identifiez le sentiment exprimé dans chaque phrase.

	Amitié	Amour
1. Carine vit une merveilleuse histoire avec Lucien.	❑	❑
2. Je m'entends très bien avec tout le monde à la fac.	❑	❑
3. Quel dommage qu'ils soient sur le point de rompre !	❑	❑
4. Je ne supporterais pas qu'il sorte avec une autre fille.	❑	❑
5. Je me sens très proche de la sœur d'Hélène.	❑	❑
6. Tu savais que Romane avait une aventure avec Vincent ?	❑	❑
7. Juliette apprécie la prof du cours de gym.	❑	❑

8 S'EXPRIMER

Décrivez les sentiments des personnages et imaginez la situation en quelques lignes.

Exemple : 1. Elle est triste de s'être disputée avec son copain...

1.

2.

3.

D2

La vie au quotidien

1 LEXIQUE

Complétez les phrases en choisissant l'expression qui convient dans la liste. Faites les transformations nécessaires. (Plusieurs réponses sont parfois possibles.)

faire des folies – claquer de l'argent – panier percé – jeter son argent par les fenêtres – se serrer la ceinture – acheter d'occasion – avoir du mal à joindre les deux bouts – être à découvert – être dans le rouge – avoir des fins de mois difficiles – faire des affaires

1. Chéri, tu .... pour mon anniversaire : tous ces bijoux, non franchement, il ne fallait pas ! En plus, ces temps-ci, on ...., ce n'est pas très raisonnable !
2. Elle .... au casino et aux courses de chevaux et, une fois qu'elle a dépensé toute sa paie, elle se plaint auprès de ses amis d'.. !
3. J'ai reçu un coup de fil de ma banque, il paraît que mon compte ...., il va falloir que je fasse attention et que je ....
4. C'est un couple très uni et d'accord sur beaucoup de points mais, par rapport à l'argent, ils sont diamétralement opposés : lui est un véritable .... et a tendance à ...., alors qu'elle est prête à .... et à manger des patates tous les jours s'il le faut pour faire des économies.
5. Ma voiture, je l'.. ; je n'avais pas les moyens de m'en acheter une neuve !
6. J'adore .... sur le site « jeclic.ma ». On peut acheter de l'électroménager neuf beaucoup moins cher que dans les magasins.

2 LEXIQUE

Associez les expressions aux icônes correspondantes.

1. mettre un site dans ses favoris
2. revenir en arrière
3. cliquer sur un lien
4. télécharger un document
5. valider une commande
6. entrer son mot de passe
7. mettre les articles dans son panier
8. payer en mode sécurisé
9. enregistrer

a. 

b. 

c. 

d. 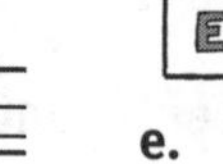

e. 

f. 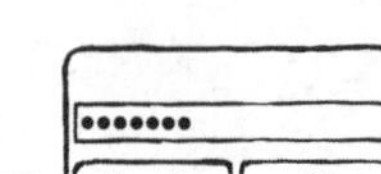

g. 

h. 

i. 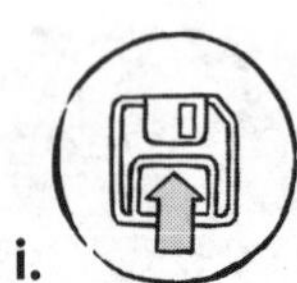

1	2	3	4	5	6	7	8	9
......	......	......	......	......	......	......	......	......

3 COMPRENDRE • ÉCRIT

Lisez ces trois mails de réclamation. Identifiez et complétez l'information manquante : description du problème, demande de réparation ou rappel de la date et des références du service impliqué.

1. Madame, monsieur,

....

....

À mon arrivée à l'aéroport, j'ai récupéré ma valise en mauvais état : elle a été abîmée à plusieurs endroits et certains de mes effets personnels ont été détériorés (*cf.* photos en pièce jointe).

Je vous serais donc reconnaissante de me dédommager pour le préjudice subi. Je reste à votre disposition pour vous fournir les informations dont vous aurez sans doute besoin pour procéder au remboursement.

Avec mes remerciements anticipés,

Martine Jolivet

2. Bonjour,

Le 25 septembre dernier, j'ai commandé des chaussures par l'intermédiaire de votre site Internet.

....

....

Ayant payé au moment de ma commande, je souhaiterais être remboursé ou dédommagé en recevant, par exemple, un avoir sur mon prochain achat. Je vous retourne la paire de chaussures dès aujourd'hui.

Dans l'attente d'une réponse rapide, je vous remercie par avance de l'attention que vous porterez à ma requête.

Laurent Lefèvre

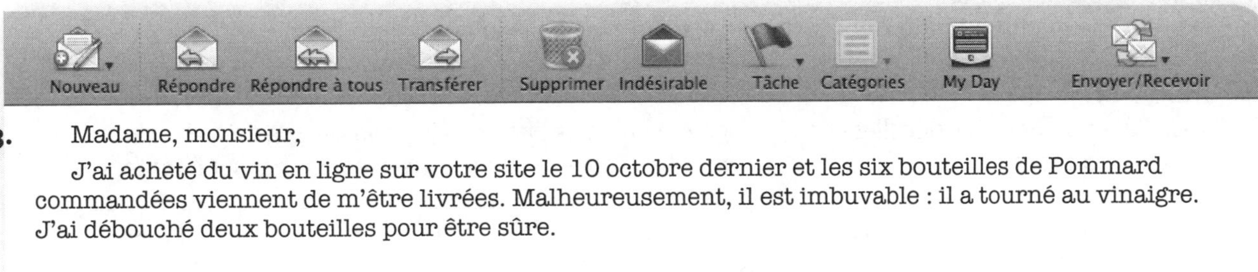

3. Madame, monsieur,

J'ai acheté du vin en ligne sur votre site le 10 octobre dernier et les six bouteilles de Pommard commandées viennent de m'être livrées. Malheureusement, il est imbuvable : il a tourné au vinaigre. J'ai débouché deux bouteilles pour être sûre.

....

....

Merci de bien vouloir faire le nécessaire.

Lucie Duval

4 S'EXPRIMER

Vous avez reçu un ou plusieurs objets achetés en ligne. Le colis ne correspond pas à vos attentes. Écrivez un mail de réclamation pour exprimer votre mécontentement et demander réparation.

COMPRENDRE • ÉCRIT

Lisez ces portraits de quatre clientes types. Complétez le tableau pour les caractériser.

Clientes : à chacune son style

La superwoman

Elle est cadre.
Elle est sûre d'elle, dominatrice et toujours pressée.
Elle aime les vêtements multifonctionnels : la même robe doit pouvoir épater un client et séduire un homme.

La bobo (bourgeoise-bohème)

Elle a de bons revenus et son niveau d'études est élevé.
Elle ne renie pas les codes vestimentaires bourgeois et classiques mais les détourne. Elle porte fréquemment des vêtements superposés en matière naturelle souvent froissée.

La décomplexée

Elle est étudiante.
Elle est citadine et anticonformiste. La vendeuse la repère à ses cheveux coiffés à la garçonne
Elle aime la mode avant-garde, sexy, drôle. Jean-Paul Gaultier est son dieu ! Elle déteste le déjà-vu, le trop-porté, bref tout ce que tout le monde a déjà.

La traditionnelle

Elle est épanouie en famille et raisonnable quand il faut acheter des vêtements.
Elle aime les vêtements sages, fonctionnels et confortables.
L'essentiel est d'avoir l'air « correct ».

SON APPARENCE

1.

2.

3.

4.

SA FAÇON DE DÉPENSER

a. Elle dépense de manière impulsive. Elle achète ce qui lui plaît, quand ça lui plaît.
b. Elle dépense de manière très réfléchie. Elle calcule le rapport utilité/prix.
c. Elle dépense peu et surtout en solde.
d. Elle prête une grande attention au « juste prix », voire à la bonne affaire.

SA PHRASE TYPE

e. « Vous l'avez un peu plus décolletée ? »
f. « Combien ça coûte ? »
g. « On n'a pas besoin de la repasser, j'espère ? »
h. « J'ai trouvé le même article moins cher sur Internet ! »

	La superwoman	La décomplexée	La bobo	La traditionnelle
Sa façon de dépenser	*b*			
Sa phrase type				
Son apparence				

S'EXPRIMER

a) Rédigez votre propre portrait de consommateur/consommatrice.

b) Comme dans l'activité 5, faites des portraits d'hommes *(Clients : à chacun son style)*.

Outils pour...

› Parler de sa consommation et comparer

1 GRAMMAIRE

Complétez les phrases en utilisant des comparatifs.

1. Je fais mes courses en grande surface : c'est .... marché que chez les petits commerçants.
2. Il y a .... gens qui font leurs achats sur le Net.
3. Sur les marchés, il est .... facile d'obtenir un rabais quand on est bon client.
4. Grâce au site eBay, on connaît .... le marché de l'occasion.
5. Les femmes en France achètent .... fruits et .... légumes que les hommes mais .... alcool et .... viande.
6. Avec la crise, nous sommes .... nombreux à remettre en cause certains actes d'achat. En tout cas, mes parents ne consomment pas .... qu'avant.

2 GRAMMAIRE

Complétez ces témoignages avec des comparatifs, en nuançant chaque fois que possible.

MICROTROTTOIR : QUEL CONSOMMATEUR ÊTES-VOUS ?

1. Je vais une fois par an dans des magasins d'usine pour acheter les meubles ou autres objets dont j'ai besoin. C'est .... cher que les prix pratiqués en boutique, et ça me permet de me faire plaisir en réalisant .... économies que si j'attendais les soldes.
2. Dans notre société, il y a .... contacts entre les gens, je trouve cela dommage de ne plus parler avec les commerçants. C'est pourquoi j'aime aller au marché le samedi matin, les produits sont .... frais mais, surtout, il y a .... anonymat que dans les supermarchés : on échange des recettes, on parle de la pluie et du beau temps.
3. Moi, j'adore surfer sur le Net à la recherche de vêtements que personne d'autre ne portera. En période de soldes, c'est .... intéressant et .... stressant que dans les boutiques !
4. Quand je cherche quelque chose d'original, d'unique, je vais .... souvent dans les dépôts-ventes. Ça me permet de .... gérer mon budget vêtements tout en me faisant plaisir !

3 GRAMMAIRE

Terminez les phrases.

Exemple : Je m'habille plus souvent dans les dépôts-ventes, d'autant plus que ***mon pouvoir d'achat a diminué.***

1. J'achète plus volontiers sur les marchés, d'autant plus que ....
2. Je n'achète pas souvent par correspondance, d'autant moins que ....
3. Je ne veux plus investir dans l'informatique, d'autant moins que ....
4. J'adore marchander, d'autant plus que ....

› Caractériser avec des pronoms relatifs composés

4 GRAMMAIRE

Réécrivez ces publicités sur une feuille séparée en utilisant un pronom relatif, afin d'obtenir une seule phrase.

*Exemple : Enveloppez-vous dans cette couette **grâce à laquelle** vos nuits seront douces et chaudes.*

1. VOUS QUI AVEZ UNE GRANDE FAMILLE, OPTEZ POUR CETTE TABLE. AUTOUR DE CETTE TABLE, VOUS ORGANISEREZ DES REPAS POUR DE NOMBREUX CONVIVES !

2. ESSAYEZ CES CHAUSSURES ! Dans ces chaussures, vous vous sentirez aussi bien que dans des chaussons : vous ne voudrez plus les quitter !

3. Craquez pour ces magnifiques anneaux en or. Grâce à ces anneaux, vous illuminerez votre visage

4. Vous qui aimez écrire à vos proches, choisissez ce papier à lettres de qualité. Sur ce papier, vous aurez plaisir à rédiger les plus belles missives.

5 GRAMMAIRE

Sur une feuille séparée, composez des phrases avec les éléments de chaque colonne et en utilisant un pronom relatif composé comme dans l'exemple. (Plusieurs réponses sont possibles.)

*Exemple : C'est un grand magasin avec **lequel** les autres commerces ne peuvent pas rivaliser.*

C'est un(e)	1. catalogue de vente par correspondance	sans	Noël ne serait plus Noël.
Ce sont des	2. émission de téléachat	sur	les autres commerces ne peuvent pas rivaliser.
	3. réunions entre copines	dans	on peut échanger des articles et faire des affaires.
	4. site Internet	pour	on trouve un grand choix d'articles pour enfants.
	5. grande braderie	à côté de	beaucoup de ménagères passent leur matinée.
	6. marchés	pendant	les filles peuvent renouveler leurs produits de beauté.
	7. grand magasin	grâce à	tous les habitants de la région se déplacent.
		après	on peut passer commande au téléphone.
		avec	
		devant	

6 GRAMMAIRE

Vous avez acheté ces objets. Expliquez leur utilité et leurs avantages sur une feuille séparée. Utilisez des pronoms relatifs.

1. un oiseau compte-minutes

2. des bottes énergétiques

Points de vue sur...

1 COMPRENDRE • ÉCRIT

a) Vrai ou faux ? Lisez cet article, répondez et justifiez en citant le texte.

LA MONTÉE DE LA CONSOMMATION COLLABORATIVE

La consommation collaborative correspond au fait de prêter, louer, donner, échanger des objets via les technologies. Cette pratique est en passe de devenir un « mouvement » qui va des places de marchés mondiaux comme eBay ou Craiglist à des secteurs comme le prêt entre particuliers (Zopa) ou les plates-formes de partage de voitures (Zipcar).
« La consommation collaborative modifie les façons dont nous faisons des affaires et réinvente non seulement ce que nous consommons, mais également comment nous consommons », affirment ses défenseurs. De nombreuses nouvelles places de marché voient ainsi le jour en ligne : les systèmes qui transforment les produits en services (on paye pour utiliser un produit sans avoir besoin de l'acheter), les marchés de redistribution (qui organisent la redistribution de produits utilisés ou achetés quand ils ne sont pas ou plus utilisés) et les styles de vie collaboratifs (des gens avec des intérêts similaires s'assemblent pour partager biens, temps, espace, compétences, etc.).
La liste des sites web permettant ce type d'échanges gagne toutes les thématiques : de l'échange de maison à la location de chambre ou de canapés chez le particulier ou de parking en ville, voire de jardins... au prêt de matériel électroménager, à celui des produits culturels ou de fringues... et bien sûr au don d'objets usagers.
Il y a plusieurs formes de consommation collaborative : les formes où l'on achète en commun un bien ou un service pour obtenir le plus souvent un prix ; et les formes où les gens se prêtent, se donnent ou s'échangent des biens et services plutôt que de les acheter.
Pour les gens qui louent leur matériel, c'est une façon de se faire un peu d'argent, voire de rentabiliser leur achat. *« Ces services transforment aussi un bien de consommation en un moyen de rencontrer ses voisins »*, affirme un utilisateur actif. *« Paradoxalement, le Web nous ramène à un type d'affaires centré sur l'humain. »*

D'après Hubert Guillaud, *Le Monde*, 24/09/2010.

	Vrai	Faux
1. Ce nouveau type de consommation est basé sur l'idée de partage.	❑	❑
....		
2. Ce concept s'applique aux objets qu'on possède et qu'on n'utilise pas tout le temps.	❑	❑
....		
3. Peu de sites offrent la possibilité de pratiquer la consommation collaborative.	❑	❑
....		
4. L'achat d'un bien ou d'un service de manière groupée n'est pas admis.	❑	❑
....		
5. C'est une alternative plus conviviale au mode de consommation traditionnel.	❑	❑
....		

S'EXPRIMER

b) Vous sentez-vous concerné(e) par cette nouvelle tendance ? Avez-vous déjà fait l'expérience de ce type de consommation ? Pensez-vous qu'il remplacera le modèle traditionnel ? Exprimez votre opinion.

....

....

....

....

....

2 LEXIQUE

Charlotte, étudiante en visite à Paris, écrit son journal.
Complétez le texte avec un synonyme des expressions suivantes, données dans l'ordre du texte.

vente à celui offrant le meilleur prix – faire monter les prix – proposé en vente – vendu (après une mise en concurrence des acquéreurs) – une grosse somme d'argent – une transaction intéressante

Paris, le 5 avril.

Mon séjour se déroule toujours aussi bien et je découvre des lieux insolites. Aujourd'hui, je suis allée à l'hôtel Drouot. J'étais curieuse de voir l'ambiance d'une salle de ventes, et j'ai assisté à la .... d'une esquisse du XIXe siècle d'un artiste que je ne connaissais pas. Il y avait un monde fou et je n'ai pas compris grand-chose. La manière d'.................................... m'a complètement échappé !

Je n'ai jamais entendu la voix des intéressés, mais j'ai vu des regards, des gestes mystérieux : ce petit dessin qui avait été .... à 500 euros a finalement été .... à 20 000 euros (.................................... !) en 5 minutes. L'acquéreur avait l'air satisfait, il a sûrement fait .... ! Il y a des gens incroyables...

3 COMPRENDRE • ORAL

a) Écoutez l'enregistrement et répondez.

1. Quel est le sujet du micro-trottoir ?

....

2. Combien y a-t-il de personnes interrogées ? Qui sont-elles ?

....

b) Réécoutez et répondez.

1. Notez les astuces de chaque personne.

Personne 1 : ....

Personne 2 : ....

Personne 3 : ....

Personne 4 : ....

2. Vrai ou faux ? La quatrième personne est prête à aller faire ses courses en patins à roulettes. ....

POINT vocabulaire

c) Relevez les expressions équivalentes dans l'extrait.

1. renoncer à beaucoup de choses → ....
2. examiner minutieusement les prix → ....
3. prêter attention → ....
4. ne pas disposer de beaucoup d'argent → ....
5. dépasser la somme d'argent disponible sur son compte → ....

4 S'EXPRIMER

Et vous, avez-vous des astuces pour dépenser moins quand vous faites les courses ? Échangez.

5 COMPRENDRE • ÉCRIT

a) Lisez les questions posées lors d'une interview portant sur le « conso'battant », le nouveau consommateur. Retrouvez ensuite les réponses pour reconstituer l'interview.

1. Comment est-on passé du consommateur au conso'battant ?
2. Concrètement, qu'est-ce qui change dans l'acte d'achat ?
3. Cela a-t-il un impact direct sur le produit ?
4. Que doivent faire les marques pour répondre à ce nouveau phénomène ?
5. Qu'en est-il de la distribution et des points de vente ?
6. Finalement, qu'est-ce qui caractérise le conso'battant ?

a. Aujourd'hui le consommateur veut à la fois le prix et la qualité et non plus l'un ou l'autre. Le conso'battant veut aller au-delà du discours des marques et des produits pour retrouver sa liberté de choisir, et assumer le choix des marques discount, des circuits courts et des « bonnes affaires » échangées sur le Net.

b. Il va falloir mettre en place des stratégies visant à faire vivre aux consommateurs des expériences nouvelles. Pour aider à lutter contre la morosité ambiante, la grande surface doit proposer un environnement plus ludique dans lequel le consommateur pourra satisfaire des besoins de découverte, d'apprentissage, de plaisir et d'échange.

c. La première chose à faire pour elles est d'admettre que ces tendances sont des tendances de fond. Cela suppose de renoncer aux politiques opportunistes et notamment à la multiplication des promotions.

d. Il veut être acteur de sa propre consommation.

e. Cette transformation découle de la conjonction de plusieurs phénomènes. D'une part, le sentiment d'une baisse continue du pouvoir d'achat et d'autre part la volonté de consommer mieux liée à un souci de préserver sa santé et l'environnement. Le nouveau consommateur veut arrêter de subir sa consommation pour en devenir acteur.

f. Irrémédiablement. Ce qui complexifie l'acte d'achat, c'est surtout que le produit acheté doit contribuer à l'environnement. L'achat n'est plus vu comme un acte égoïste qui n'engage que le consommateur mais comme un acte qui engage la société dans son ensemble.

D'après www.dunod.com

Questions	1	2	3	4	5	6
Réponses	......	......	......	......	......	......

S'EXPRIMER

b) Posez une autre question dans l'interview ci-dessus. Écrivez cette question et une réponse possible.

....

....

....

....

c) Êtes-vous un conso'battant ?

....

....

....

Outils pour...

› Négocier et discuter un prix

1 COMMUNICATION

Reconstituez ce dialogue en mettant les phrases dans l'ordre.

a. Ah ! C'est dommage, il est très beau, mais c'est trop cher pour moi.
b. Bon, écoutez, je peux peut-être vous en donner 120 euros mais pas plus.
c. Vous plaisantez, madame ! C'est une pièce ancienne !
d. Bonjour, monsieur, il coûte combien ce miroir ?
e. Si vraiment il vous intéresse, je peux vous faire un prix.
f. Non, je vous le laisse à 150 et c'est mon dernier prix.
g. Je ne peux pas y mettre plus de 100 euros.
h. Lequel ? Celui-ci ? 200 euros.

1	2	3	4	5	6	7	8
......	......	......	......	......	......	......	......

2 COMMUNICATION

Complétez le dialogue.

– ....

– Elles sont à 50 euros.

– ....

– Vous savez, c'est une affaire. C'est de la très bonne qualité, c'est un travail artisanal et chaque pièce est unique !

– ....

– Bon, je peux faire un effort pour vous, combien m'en donnez-vous ?

– ....

– Bon d'accord, mais j'espère que vous vous rendez compte de la bonne affaire que vous faites !...

› Rapporter les paroles de quelqu'un

3 GRAMMAIRE

Mme Galère, âgée de 83 ans, s'est fait escroquer sur Internet. Son fils Martin a téléphoné à Infoescroquerie. Lisez les recommandations du conseiller.

Si je résume, votre mère a fait un achat en ligne qu'on ne lui a jamais livré. Vous savez, si elle a acheté sur un site marchand, elle peut envisager de régler ce différend à l'amiable[1]. Il y a un service client qui s'occupe de régler les litiges, elle n'a qu'à le contacter. De toute façon, il faudrait qu'elle fasse opposition sur son compte bancaire le plus vite possible. Cela permettra d'éviter d'autres prélèvements frauduleux. Si une grosse somme est en jeu, n'hésitez pas à porter plainte pour que le cas qu'elle a subi soit connu des services de police. En revanche, il est vrai que si les escrocs sont à l'autre bout du monde, on n'aura pas beaucoup de chances... Elle peut aussi déposer un recours en s'adressant au tribunal de proximité. Le juge de proximité a déjà réglé des litiges civils de la vie quotidienne mais surtout dites à votre mère de se méfier davantage.

Martin téléphone à sa mère pour lui raconter son appel. Sur une feuille séparée, transcrivez ses paroles en mettant les verbes aux temps qui conviennent et en faisant les changements nécessaires.

*Allô maman ? Tu sais, pour ton problème avec Internet, j'ai appelé Infoescroquerie. J'ai expliqué que tu **avais fait** un achat sur Internet et qu'on... Le conseiller m'a dit que... Il m'a expliqué que... Il m'a conseillé de...*

---

1. **Régler un différend à l'amiable :** régler un litige en trouvant un terrain d'entente avec l'adversaire.

4 GRAMMAIRE

Anne raconte à une amie la conversation qu'elle a eue avec un démarcheur au téléphone. Lisez son récit.

L'autre jour, j'ai reçu un appel bizarre. J'ai entendu la voix d'un homme qui s'est présenté à toute vitesse. Il m'a demandé si ça me dérangerait de répondre à quelques questions. Je lui ai répondu que ça dépendait du type de questions et du temps que ça prendrait. Il m'a assuré que ça ne serait pas long et que ça portait sur l'aménagement de notre nouvel appartement. Je lui ai demandé comment il savait qu'on venait de changer d'appartement, mais il n'a pas répondu. Il m'a demandé si on avait fait faire des travaux d'isolation et, comme je lui répondais que oui, il a complètement changé de sujet et m'a bombardée de questions en me demandant en vrac quelle marque de couches-culottes on achetait pour notre bébé, la marque des croquettes pour notre chat, le nombre de boîtes de conserve qu'on consommait par semaine, etc. À la fin, je n'en pouvais plus, je lui ai raccroché au nez.

Sur une feuille séparée, retranscrivez le dialogue entre Anne et le démarcheur en utilisant l'amorce.

Michel Tampon de la société Statipex à l'appareil. Bonsoir madame. Pourriez-vous répondre à quelques questions ?

› Mettre en garde

5 COMMUNICATION

Réagissez en faisant des mises en garde, comme dans l'exemple.

Exemple : J'ai prêté ma voiture à un copain qui vient d'avoir le permis.
→ Méfie-toi, tu es bien assuré ?

1. Pendant les vacances, on va sous-louer notre studio.

....

2. J'ai acheté une voiture sur eBay.

....

3. J'ai gagné un voyage pour deux personnes à Tahiti.

....

4. Un vendeur à domicile m'a fait signer un contrat d'assurance vie très intéressant.

....

5. Je vais recevoir un cadeau d'une valeur de 50 euros si je m'abonne à ce magazine.

....

6 S'EXPRIMER

Vous racontez à un(e) ami(e) la visite surprise à votre domicile d'un vendeur d'encyclopédies pour une ONG (organisation non gouvernementale) que vous ne connaissez pas. Votre ami(e) vous met en garde. Jouez la scène avec votre voisin(e).

La vie au quotidien

1 COMPRENDRE • ÉCRIT

a) Lisez les phrases et entourez les symboles qui vous correspondent.

Comment apprenez-vous une langue ?

- ● Dans un train, dans le métro, je tends l'oreille quand des étrangers parlent.
- ■ J'aime bien aller au labo de langues.
- ▲ Je préfère me corriger moi-même.
- ▲ J'ai de bons résultats en grammaire.
- ✻ Faire des fautes, ça me perturbe.
- ▲ Ma prononciation est meilleure quand je lis que quand je parle.
- ✻ J'ai tendance à apprendre par cœur.
- ✻ Je lis lentement, car j'aime tout comprendre.
- ■ J'aime faire des jeux en cours de langue.
- ▲ J'aime trouver mes propres règles et exemples.
- ✻ Pour comprendre ou parler, j'ai tendance à passer par ma langue maternelle.
- ● J'accepte de ne pas tout comprendre.
- ● En cours, j'aime bien parler de moi et de mes centres d'intérêt.
- ■ J'aime inventer des dialogues et des histoires.
- ▲ J'aime faire des tableaux avec les déclinaisons, les conjugaisons.
- ✻ Quand j'ai du mal à exprimer quelque chose, je préfère me taire.
- ■ J'aime lire le compte rendu d'un match ou une interview de star dans la presse étrangère.
- ● Je ne suis pas timide à l'oral.
- ▲ Je me bloque facilement sur un mot que je ne comprends pas.
- ✻ Je fais plus de progrès avec un cours intensif qu'avec un séjour linguistique.

b) Indiquez le symbole qui correspond à chaque profil.

Quel apprenant êtes-vous ?

...... ☛ **Vous êtes un** *communicatif.*
Pour vous, la langue est avant tout un moyen de communiquer avec les autres. Toutes les occasions de parler avec des étrangers sont bonnes pour vous. Même si c'est avec un vocabulaire et des structures de phrase limités.

...... ☛ **Vous êtes un** *concret.*
Labo de langue, sketches, chansons : vous appréciez la variété dans les cours, l'imprévu vous stimule. Vous aimez travailler avec du matériel : jeux, cassettes, logiciels, cédéroms, etc.

...... ☛ **Vous êtes un** *scolaire.*
Les langues étrangères sont pour vous une discipline comme les autres. Vous ne voyez pas l'occasion d'exploiter vos connaissances. Vous concentrez tout votre travail sur les devoirs.

...... ☛ **Vous êtes un** *analytique.*
Vous savez que la langue étrangère est un système organisé, vous aimez en observer la construction, vous éprouvez le besoin de décortiquer les phrases dans le détail. Vous aimez élaborer vos propres règles de grammaire.

D'après Anne Lanchon, *Phosphore.*

S'EXPRIMER

c) Êtes-vous plutôt un communicatif, un concret, un scolaire ou un analytique ?
Parlez de votre expérience dans l'apprentissage d'une langue étrangère et comparez avec votre voisin(e).

2 COMPRENDRE • ÉCRIT

Reconstituez le parcours des personnes ci-dessous.

1. J'ai passé le concours, que j'ai réussi, et j'ai suivi six mois de formation qui ont été très durs : je devais apprendre à recevoir des ordres.
2. Quand j'étais petite, j'alignais mes poupées sur un banc et je jouais à la maîtresse. J'adorais écrire sur mon petit tableau noir.
3. Mon séjour dans ce pays a été une expérience unique et j'ai été ébloui par les maisons traditionnelles.
4. Un jour, j'ai accompagné des copains qui voulaient s'informer sur ce métier. Ça m'a tentée et je me suis dit « pourquoi pas moi ? ».
5. J'ai alors compris que ma place était ici, au milieu des enfants.
6. Enfant, j'étais passionné de travaux manuels et je me suis intéressé très tôt à la menuiserie. J'aimais le contact du bois, son odeur.
7. À la fac, j'ai choisi la filière sciences de l'éducation et j'ai obtenu ma licence. Ensuite, je suis entrée à l'école supérieure du professorat et de l'éducation, où j'ai alterné formation et stages dans des écoles de la commune.
8. En rentrant, j'ai commencé un stage dans une agence d'architectes en tant que chef de projet. Et puis j'ai réalisé ma première construction en bois.
9. À l'issue de cette formation, j'ai intégré la brigade de l'Yonne. Puis la garde républicaine de Nanterre.
10. Après le bac, j'ai décidé de tenter le concours d'une école d'architecture, et je l'ai réussi. J'ai découvert la conception architecturale et j'ai appris le dessin. En fin de quatrième année, je suis parti au Japon dans le cadre d'échanges internationaux avec mon école.
11. Pour voir si j'étais vraiment faite pour ce métier, j'ai pris un poste de surveillante dans un collège d'enseignement adapté qui accueillait des élèves en grande difficulté. Et avant l'année de préparation au concours, j'ai passé quatre mois à Madagascar pour travailler dans une école primaire.
12. Je suis arrivée à réaliser mon rêve, celui de me faire apprécier et respecter dans un milieu masculin et discipliné.

D'après Claire Feinstein, *Phosphore*.

3 S'EXPRIMER

Et vous ? Sur une feuille séparée, dites quelle filière vous avez choisie, quelles sont vos motivations ou comment vous avez découvert votre vocation.

Outils pour...

› Parler du passé

1 GRAMMAIRE

Lisez le texte et entourez la forme du passé qui convient.

Célestin FREINET : un pédagogue hors norme

Célestin Freinet **est né / était né** en 1896. Il **a passé / passait** son enfance à la campagne. Il **n'aimait pas / n'a pas aimé** l'école mais il **était / a été** toujours le premier en classe.

Il **a commencé / avait commencé** sa carrière d'instituteur en 1920. Il **a ouvert / ouvrait** une école en 1935.

Il **a aimé / aimait** emmener les enfants à la campagne pour faire des observations et il **organisait / a organisé** souvent des ateliers d'activités manuelles. Il **encourageait / a encouragé** la lecture et l'expression libre : textes et dessins, correspondance, rédaction d'un journal de classe, d'une revue. C'est ainsi qu'il **a introduit / avait introduit** l'imprimerie à l'école afin de développer les capacités d'expression des enfants et de les inciter à la lecture. Tous les ans, il **organisait / a organisé** des correspondances et des échanges interscolaires. Il **refusait / a refusé** le « bourrage de crâne[1] ». Il **disait / avait dit** que l'enfant **ne devait plus / n'avait plus dû** être une machine qui apprend mais un être qui réfléchit. Ses méthodes pédagogiques **ont fait / faisaient** l'objet de nombreuses critiques.

---

1. **Bourrage de crâne** *(fam.)* **:** accumulation excessive de connaissances.

2 GRAMMAIRE

Complétez ce texte au passé en conjuguant les verbes entre parenthèses au temps qui convient.

Emmanuel Barrois : un parcours surprenant

Emmanuel Barrois .... *(commencer)* par s'engager comme ingénieur agricole dans l'aide humanitaire. Puis il .... *(réaliser)* des reportages photographiques sur les artisans d'art en Auvergne et .... *(devenir)* artiste : « Quand je .... *(être)* en Afghanistan, je .... *(diriger)* une campagne de vaccination et je .... *(faire)* des photos. Je .... *(ne jamais penser)* devenir artiste avant ! Je .... *(savoir)* pourtant que les métiers créatifs étaient faits pour moi : ma mère .... *(travailler)* toute sa vie dans la haute couture, et mon grand-père .... *(être)* décorateur au cinéma. »

Trois ans plus tard, quand il .... *(rentrer)* de ses missions internationales, Emmanuel, qui .... *(vouloir)* s'installer en France, ... *(choisir)* l'Auvergne. Il .... *(faire la connaissance)* d'un maître verrier. Cette rencontre .... *(être)* décisive. Il .... *(rester)* dans son atelier pour faire un apprentissage. Il .... *(apprendre)* très vite le métier et .... *(restaurer)* les vitraux de nombreux châteaux et cathédrales. Puis, il .... *(créer)* son atelier. Il contribue maintenant à un projet de toiture de verre de 30 000 m² pour le futur forum des Halles à Paris... Un parcours d'autodidacte surprenant.

D'après Mélina Gazsi, *Le Monde*, 15/08/2012.

3 GRAMMAIRE

Racontez le parcours de Bruno sur une feuille séparée en suivant l'ordre des dessins.

1.

2.

3.

4.

5.

6.

7.

8.

4 GRAMMAIRE

Sur une feuille séparée, imaginez et écrivez au passé l'histoire d'Arthur, marin, et de Zoé, agricultrice, en utilisant les verbes suivants dans un ordre qui vous paraît logique.

se séparer – s'écrire de longues lettres/s'envoyer des mails – se décider à devenir parents – ne plus se quitter – se lancer dans un tour du monde – se former à l'agriculture bio – se rencontrer (dans un café, un train...) – se marier – se disputer – se perdre de vue – se téléphoner – se parler longuement – se plaire – se retrouver – se mettre à réfléchir à un projet

5 GRAMMAIRE

Lisez cette interview d'une musicienne professionnelle. Puis réécrivez le texte en utilisant un pronom personnel pour éviter les répétitions. Faites les accords nécessaires.

➤ La musique, vous l'avez apprise comment ?
Personne ne m'a enseigné la musique. Je n'ai jamais pris de cours de solfège.

➤ Alors, comment vous est venue la passion pour la musique ?
Plusieurs personnes de mon entourage m'ont transmis cette passion et ont fait de moi une mélomane. J'ai découvert cette passion très jeune grâce à mes parents qui chantaient très souvent en réunion de famille. Ensuite, il y a eu ma meilleure amie, Marie. J'avais rencontré Marie au collège et j'ai longtemps envié Marie d'avoir des parents musiciens. C'est elle qui m'a initiée à la musique classique. Je ne connaissais pas la musique de Schubert, et j'ai tout de suite aimé la musique de Schubert en l'écoutant pour la première fois en concert.

➤ Pourquoi avoir choisi la flûte traversière ?
J'ai choisi la flûte traversière parce que j'ai toujours aimé la sonorité et le doigté de la flûte traversière. Rien de tel avec la flûte à bec. J'avais déjà pratiqué la flûte à bec mais le son me paraissait moins riche.

Exemple : La musique, vous l'avez apprise comment ? → Personne ne me l'a enseignée.

....

....

....

....

....

....

....

....

....

....

6 GRAMMAIRE

Complétez les phrases en employant le temps du passé qui convient pour chaque verbe.

1. Quand elle .... *(entrer)* à la fac, elle .... *(ne pas savoir)* ce qu'elle .... *(vouloir)* faire comme études, alors elle .... *(choisir)* de faire psycho par hasard. Finalement, ses études lui .... *(plaire)* et elle .... *(aller)* jusqu'au master. Puis elle .... *(trouver)* du travail. On lui .... *(dire)* pourtant que cette filière n'.................................. *(offrir)* pas beaucoup de débouchés.
2. Ils .... *(apprendre)* à danser le tango parce qu'ils .... *(voir)* un spectacle en Argentine et ils .... *(tomber amoureux)* de cette danse.
3. Je .... *(se tromper)* ! Je .... *(s'inscrire)* à un cours de peinture à l'huile alors que je .... *(vouloir)* m'initier à la technique de l'aquarelle.

D3

Points de vue sur...

1 LEXIQUE

a) Complétez le texte à l'aide des mots suivants. Ajoutez les articles si nécessaire.
écriture – histoire – style – lu – roman – auteur – livre

Le droit de ne pas finir un livre

Il y a trente-six mille raisons d'abandonner .... avant la fin : le sentiment du déjà .... , ... qui ne nous retient pas, notre désapprobation totale des thèses de .... , ... qui nous hérisse le poil[1], ou au contraire une absence d'.................................... que ne vient compenser aucune raison d'aller plus loin.

Inutile d'énumérer les 35 995 autres parmi lesquelles il faut pourtant ranger la carie dentaire, les persécutions de notre chef de service. [...]

.... vous tombe des mains ?

Qu'il tombe.

Daniel Pennac, *Comme un roman*, © Gallimard.

1. **Hérisser le poil :** déplaire énormément.

S'EXPRIMER

b) Un livre vous est-il déjà « tombé des mains » ? Si oui, pour quelles raisons ? Échangez à ce sujet.

2 3 COMPRENDRE • ORAL

a) Écoutez l'interview et répondez.

1. Quel est le thème de l'interview ? ....
2. Qui est l'invitée ? ....
3. Qu'apprend-on sur la formation en France ? ....
4. Quelle idée sur l'apprentissage revient souvent dans l'interview ?
....

b) Réécoutez et répondez.

1. Quelles sont les méthodes d'apprentissage citées ? ....
2. Sont-elles suffisantes, d'après l'invitée ? Qu'est-ce qui est important pour apprendre ?
....

POINT vocabulaire

c) Relevez les expressions équivalentes dans l'extrait.

1. arriver en premier → ....
2. paraître un peu inutile → ....
3. recevoir un message de relance → ....

3 S'EXPRIMER

Lisez les citations et dites ce que vous en pensez. Justifiez votre point de vue sur une feuille séparée.

1. « On devrait apprendre les langues par le karaoké. »
2. « La compétition stimule l'apprentissage. »
3. « L'école à la maison est une alternative séduisante. »
4. « La scolarité devrait être obligatoire dès 3 ans. »
5. « *Pour parler une langue étrangère il faut commencer le plus tôt possible, dès le début de l'école maternelle.* ».

4 COMPRENDRE • ÉCRIT

a) Lisez le texte et répondez aux questions.

Apprendre en vivant à l'étranger, avec AFS – Vivre Sans Frontière

AFS est une organisation internationale, non gouvernementale, à but non lucratif, qui propose de favoriser l'apprentissage des relations interculturelles. Elle forme un réseau de cinquante pays qui réalisent entre eux des échanges individuels de collégiens, lycéens et jeunes adultes pour des durées variant de un mois à un an. AFS – Vivre Sans Frontière vous propose de vivre plus qu'un séjour linguistique : une véritable expérience interculturelle en famille d'accueil bénévole, dans le pays de votre choix.

Témoignages

Nicole, un an en Laponie (Finlande)

Si je devais résumer cette année, je dirais qu'il y a eu de bons moments, en souvenir de toutes les personnes formidables que j'ai connues, des saunas, des heures passées à faire du ski, de la découverte de la région et des voyages faits dans les pays voisins, de la vision des aurores boréales... Il y a eu aussi des périodes difficiles, en raison des conditions climatiques et surtout de la nuit permanente durant deux mois en hiver, de la langue particulièrement ardue, de l'éloignement des autres étudiants AFS regroupés dans le sud du pays. En dépit de ces difficultés, je suis restée marquée par cette expérience qui m'a permis de m'adapter par la suite à toutes sortes de situations, m'a donné le goût des voyages et de la découverte.

Marc, un an en Australie

L'Australie est un pays tout simplement sublime. J'ai eu la chance de voyager un peu à travers ce pays et, à chaque fois, j'ai découvert des paysages, des vues différentes et superbes. Et puis j'ai rencontré des étrangers de toutes nationalités. J'ai aussi rencontré de nombreux problèmes pour m'intégrer dans une famille d'accueil mais maintenant tout est merveilleux, je me sens chez moi. Et puis toutes ces expériences pas toujours faciles à affronter sont aussi très enrichissantes et m'ont permis de comprendre beaucoup de choses, très certainement de gagner de la maturité et de la confiance en moi.

D'après AFS.

1. Quel est l'objectif visé par l'association AFS – Vivre Sans Frontière ? ....
2. Qui est concerné par ces échanges ? ....
3. Quelles sont les difficultés auxquelles ces deux jeunes ont dû faire face ? ....
....
4. Qu'est-ce qu'ils ont appris en partant avec AFS ? ....
....

S'EXPRIMER

b) Participez au forum de discussion *Apprendre en vivant à l'étranger*. Sur une feuille séparée, décrivez votre expérience ou celle de personnes de votre entourage en donnant des exemples concrets.

Outils pour...

› Exprimer la concession

1 GRAMMAIRE

Reliez les deux phrases avec une expression de concession : *avoir beau* + infinitif, *pourtant*, *bien que*, *quand même*, etc.

1. Instruire ses enfants chez soi est un droit. Les parents qui font ce choix ont aussi des devoirs vis-à-vis de l'Éducation nationale et sont contrôlés par un inspecteur d'académie.

   ....

2. Parmi ces parents, nombreux sont ceux issus du monde de l'éducation. Ce ne sont pas forcément les meilleurs pédagogues pour leurs enfants.

   ....

3. L'école à la maison est une alternative séduisante. Ces enfants peuvent souffrir de solitude.

   ....

4. L'école à domicile fait des adeptes. C'est un luxe car ce système suppose une grande disponibilité des parents.

   ....

2 GRAMMAIRE

Construisez des phrases en exprimant une contradiction, comme dans l'exemple.

Exemple : 80 % des bacheliers – niveau de culture générale en baisse
→ Bien qu'il y ait 80 % de bacheliers, le niveau de culture générale est en baisse.

1. études de plus en plus longues – pas de travail à la sortie de la fac

   ....

2. faible coût d'inscription à l'université – peu de mixité sociale

   ....

3. apprendre à jouer d'un instrument – ne pas savoir déchiffrer les partitions

   ....

4. se faire comprendre sans problème – avoir un accent prononcé en langue étrangère

   ....

5. n'avoir aucun diplôme – diriger une grande entreprise

   ....

3 GRAMMAIRE

Complétez les phrases.

1. J'ai eu beau insister, ...
2. Malgré ses bons résultats scolaires, ...
3. Elle a fini par accepter sa proposition, même si ....
4. Bien que nous ayons les mêmes goûts, ...
5. Il a vécu plus de dix ans en Chine, pourtant, ...

COMMUNICATION

À partir des conseils du magazine *Réponse à tout*, retrouvez les problèmes exprimés par Nathalie, Marion et Gérard. Utilisez des expressions de concession, comme dans l'exemple.

Exemple : Hiroshi, 30 ans : ***J'ai beau*** *faire des efforts pour parler français quand je suis en France, on me répond presque toujours en anglais. Que faire ?*
Réponse à tout : *Insistez en disant (en français !) que vous ne comprenez pas l'anglais ! Les gens aimables changeront alors sûrement d'attitude. Sinon, changez d'interlocuteur !*

1. Nathalie, 50 ans : ....

....

Réponse à tout : Les études, ça ne fait pas tout ! Avez-vous songé aux séjours linguistiques à l'étranger ? Votre fille améliorerait très rapidement son niveau en ayant beaucoup de contacts avec les gens du pays.

2. Marion, 29 ans : ....

....

Réponse à tout : Vous avez oublié les conseils culinaires de votre supermaman ? Si ça vous désole de ne pas savoir faire la cuisine, prenez des cours ! Sinon, prenez le temps d'observer un(e) ami(e) en pleine préparation d'un bon petit plat.

3. Gérard, 47 ans : ....

....

Réponse à tout : Il est normal que votre fils ne soit pas motivé pour apprendre à conduire si vous lui servez systématiquement de taxi lorsqu'il veut sortir avec ses copains ! Si vous le laissez se débrouiller, il comprendra l'utilité de cet apprentissage.

› Exprimer l'opposition

LEXIQUE

Complétez la grille de mots croisés.

Horizontalement
1. illogique
2. contradiction
3. déconseillé *(en deux mots)*
4. protestation
5. contradictoire

Verticalement
a. contredire
b. mensonge *(en deux mots)*
c. contraire

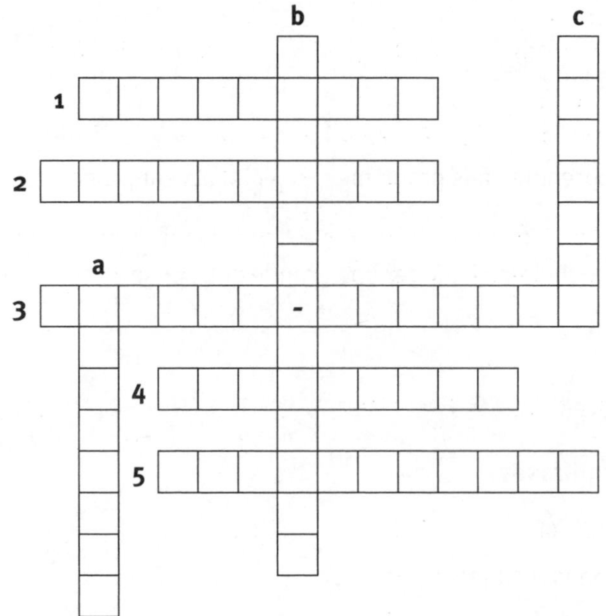

GRAMMAIRE

Lisez ce descriptif du système scolaire français et écrivez des phrases sur une feuille séparée pour dire ce qui est différent dans votre pays. Utilisez des mots exprimant l'opposition.

- L'école publique est gratuite.
- Elle est obligatoire de 6 à 16 ans.
- Le système français est très centralisé avec des examens sous contrôle du ministère de l'Éducation nationale.
- Le but de l'école est de donner une bonne culture générale.
- Les lycéens peuvent apprendre jusqu'à trois langues étrangères, mais la plupart d'entre eux n'en étudient que deux.
- Lors de la dernière année de lycée, les jeunes étudient la philosophie.
- Le baccalauréat est un examen passé par la majorité des jeunes.
- Cet examen permet d'entrer à l'université.
- Certaines grandes écoles sélectionnent leurs étudiants sur concours, entretien ou dossier.

GRAMMAIRE

a) Sur une feuille séparée, commentez les deux tableaux ci-dessous : employez des marqueurs d'opposition pour faire ressortir les différences dans les habitudes des Français.

1. Combien de temps par jour passez-vous à ces occcupations ?

	Regarder la télévision	Surfer sur Internet	Écouter la radio	Lire des livres
Pendant l'année	4 h 9 min	3 h 41 min	2 h 47 min	1 h 49 min
Pendant les vacances	3 h 10 min	2 h 39 min	2 h 33 min	2 h 14 min

2. Quels sont les éléments qui influencent votre choix de lecture ?

L'auteur	60 %	La couverture	21 %
Le prix	41 %	Le nombre de pages	14 %
Le titre	41 %	La taille des caractères	9 %
La quatrième de couverture	37 %		

Ifop, 22/06/2012.

Exemple : Les Français regardent moins la télévision en vacances, ***en revanche*** *ils écoutent autant la radio.*

S'EXPRIMER

b) Écrivez deux ou trois phrases en employant des marqueurs d'opposition pour exprimer vos habitudes en faisant ressortir les différences avec celles des Français.

Exemple : Je ne regarde jamais la télévision pendant les vacances, ***en revanche****...*

La vie au quotidien

1 LEXIQUE

Associez chaque mot de la presse écrite à sa définition.

1. le chapeau
2. les faits divers
3. la chronique
4. l'éditorial
5. la légende
6. l'interview
7. le reportage
8. la rubrique
9. le scoop
10. la source
11. la dépêche

a. Texte de réflexion ou d'humeur rédigé par le rédacteur en chef ou le directeur de la rédaction et donnant les grandes orientations du journal.
b. Ensemble d'articles réguliers sur un même thème.
c. Article court traitant régulièrement d'un domaine particulier et signé d'un même rédacteur.
d. Court texte placé au début d'un article et concentrant l'essentiel de l'information de l'article.
e. Information exclusivement détenue par un journal.
f. Dernière nouvelle transmise sous une forme brève.
g. Événements du jour (accidents, délits, crimes, etc.) sans lien entre eux.
h. Origine d'une information (personne, article, livre).
i. Enquête sur le terrain donnant lieu à un article ou un dossier.
j. Court texte sous une photo ou un dessin.
k. Compte rendu mentionnant les questions du journaliste et les réponses de la personne interrogée.

2 LEXIQUE

Complétez ces témoignages avec les mots ou expressions de la liste. Faites les transformations nécessaires.

sélectif – réseau social – jeter un coup d'œil – gros titre – site de presse en ligne – presse people – rubrique – éclectique – abonné – de A à Z – parcourir – se dégrader

MICROTROTTOIR : COMMENT LISEZ-VOUS LA PRESSE ?

1. Je suis fidèle au *Monde* puisque je suis .... à ce quotidien depuis une dizaine d'années. Je le .... d'abord au moment du petit déjeuner, sans entrer dans les détails. Je .... sur la une et, si un .... attire mon attention, je me plonge dans la lecture de l'article. Je poursuis dans le métro et, là, je suis ...., je ne lis que les .... qui m'intéressent, notamment la politique, la société et la culture.
2. Il faut dire que je suis une personne plutôt ...., je m'intéresse à beaucoup de choses. Alors, je consacre plusieurs heures à la lecture du journal. Je le lis .... ! Ensuite, j'adore commenter l'actualité sur les .... comme Twitter par exemple.
3. Moi, je suis une accro de la ...., je dévore absolument tous les articles sur la vie privée des stars !
4. Je trouve que la qualité de l'information ...., alors je vais de plus en plus sur les .... car on a accès à des vidéos. C'est plus complet !

3 COMPRENDRE • ÉCRIT

Marie écrit à son amie suédoise pour lui parler de l'actualité en France. Malheureusement, elle a renversé de l'eau sur sa lettre, ce qui a effacé des parties du texte.
Identifiez et complétez les informations manquantes : amorce de la lettre, point de vue sur l'événement et relance de l'échange d'informations.

Rouen, le 26 septembre.

Chère Ditte,

....

....

....

Je viens de reprendre le boulot et je suis déjà débordée !

La rentrée s'annonce difficile, comme d'habitude. Le nouveau gouvernement doit mettre tout en œuvre pour lutter contre le chômage. On vient d'atteindre officiellement les trois millions de chômeurs mais je crois qu'en réalité il y en a beaucoup plus ! Des créations de postes sont prévues dans l'Éducation nationale mais ....

Apparemment, on va faciliter l'embauche des jeunes en CDI mais j'ai bien peur que ces mesures ne suffisent pas à ....

....

....

....

Du coup, j'allume de moins en moins souvent la télévision et je vais au cinéma !

Et toi, que deviens-tu ? ....

....

....

Penses-tu revenir en France aux prochaines vacances scolaires ? Si c'est le cas, préviens-moi !

Je t'embrasse,

Marie

4 S'EXPRIMER

Écrivez un mail à un(e) ami(e) pour commenter l'actualité, à partir d'un ou deux titres de presse.

11-15 ans : des ados qui mangent mieux mais dorment moins

Un salon pour les étudiants qui n'ont pas trouvé leur voie

École : 80 % des personnes interrogées contre la suppression des notes

Outils pour...

› Comprendre des titres d'actualité

1 GRAMMAIRE

Transformez ces informations en titres nominalisés, comme dans l'exemple.

*Exemple : Le nombre des morts sur la route a baissé. → **Baisse** du nombre des morts sur la route.*

1. Tempête : trois marins hospitalisés en urgence. ....
2. Moscou lance une école de commerce à vocation internationale.

....

3. Un documentaire sur les femmes tourné en Afghanistan.

....

4. La Catalogne interdit les corridas. ....
5. Un stade de 60 000 places sera construit à Paris dans les années à venir.

....

2 GRAMMAIRE

Transformez ces titres nominalisés en phrases complètes, comme dans l'exemple.

Exemple : Attaques contre des bus de banlieue. → Des bus de banlieue ont été attaqués.

1. Manifestation des lycéens et des étudiants contre le projet de loi.

....

2. Passage à l'heure d'hiver le week-end prochain.

....

3. Interdiction des solariums en libre-service aux mineurs dès le mois prochain.

....

4. Apparition de la star au bras de son nouveau compagnon.

....

3 GRAMMAIRE

Remettez les phrases dans l'ordre pour retrouver les titres de presse.

1. un navire / et des / Première / d'électricité. / d'automne : / coupures / tempête / échoué[1]

....

2. femme /avoir / dénoncé / pour /des / Une / trafiquants. / agressée

....

3. des soldes, / après / l'accalmie. / Consommation : / la folie / c'est

....

---

1. **Échoué** : jeté sur la côte.

› Relater un événement dans un article narratif

4 GRAMMAIRE

Rédigez des titres d'articles en choisissant la forme active ou passive. Justifiez votre choix.

Exemple : menace d'expulsion – habitants d'un camping – municipalité
→ Les habitants d'un camping sont menacés d'expulsion par la municipalité.
(forme passive, accent sur la victime)

1. hospitalisation – dix personnes – champignons toxiques

....

2. records de chaleur – battre – sud-est de la France

....

3. création – metteur en scène algérien – Marseille – théâtre franco-algérien

....

4. retraités – escroquerie – employée de maison

....

5 GRAMMAIRE

Lisez cet article et mettez les verbes entre parenthèses à la forme passive et au temps approprié.

La mystérieuse épée de Jeanne d'Arc

L'une des épées de la statue de Jeanne d'Arc, qui .... *(voler)* ou .... *(endommager)* quatre fois en quatre ans, ... *(retrouver)*, s'est félicitée la mairie de Reims. Elle a cependant précisé que l'arme .... *(ne pas remonter)* sur la statue dans l'immédiat.

L'épée .... *(découvrir)* dans un sapin jeudi dernier par des ouvriers réaménageant le parvis de la cathédrale, selon un communiqué de la mairie qui précise : « On ne sait pas s'il s'agit de l'original ou d'une réplique. »

En juin dernier, un médecin psychiatre avait remis à la mairie une autre épée de la statue équestre, qui .... *(voler)* d'après lui par plusieurs de ses patients.

Située près de la cathédrale, la statue de la Pucelle d'Orléans a fait l'objet de nombreuses convoitises[1] depuis une dizaine d'années. « En 1996, un SDF[2]

déforme l'épée. En 2002, suite à un premier vol, elle .... *(remplacer)*. En 2004, l'épée .... *(dérober)* à nouveau », rappelle la mairie. De nouveau remplacée, la nouvelle épée .... *(tordre)* à deux reprises en mars et juin 2006, puis .... *(dérober)* de nouveau, à la veille des fêtes en hommage à Jeanne d'Arc à la mi-juin.

La mairie de Reims, à qui ces « plaisanteries » ont déjà coûté près de 20 000 euros, a décidé de laisser Jeanne sans épée pendant quelque temps...

Reims (d'après AFP).

---

1. **Convoitises :** désirs immodérés de posséder une chose. 2. **SDF :** sans domicile fixe.

6 GRAMMAIRE

Réécrivez ce texte sur une feuille séparée en employant la forme passive (avec *être* + participe passé ou *se faire* + infinitif) pour mettre l'accent sur la victime, chaque fois que c'est possible.

Journée noire !

Aujourd'hui, ce n'était pas mon jour !... En sortant de chez moi, je suis tombée sur la voisine du dessous qui m'a agressée à cause du bruit de la fête d'hier soir. Dans la rue, à un passage pour piétons, un chien m'a mordue et son maître m'a insultée, tout ça parce que j'avais marché sur la patte de l'animal ! Mais ce n'est pas fini !... Dans le métro, un jeune m'a bousculée et en a profité pour me voler mon portable. Je suis allée au commissariat le plus proche pour faire une déclaration de vol et, là, on m'a ignorée pendant une demi-heure avant de me rediriger vers un autre poste de police. Arrivée là-bas, j'ai tout expliqué à des policiers qui ne m'ont pas prise au sérieux. Je suis rentrée chez moi furieuse ! C'est là que je me suis rendu compte que mon portable était tout simplement tombé au fond de mon sac... !

En sortant de chez moi, je me suis fait agresser par la voisine du dessous à cause du bruit...

7 S'EXPRIMER

Écrivez un fait divers à partir de tous les éléments désignés par un même chiffre.
Pour obtenir votre chiffre personnel, additionnez les chiffres de votre date de naissance (le chiffre trouvé doit être compris entre 1 et 9).

Exemple : 9 septembre
→ 9 + 9 = 18 → 1 + 8 = 9
→ un policier à la retraite – dans une salle de cinéma – au milieu de l'après-midi – un roman du XIXe siècle – deux sœurs jumelles

Victimes
1. une vieille dame
2. un adolescent
3. un professeur
4. un chauffeur de taxi
5. un chien
6. un épicier
7. deux amis d'enfance
8. une jeune pianiste
9. un policier à la retraite

Moments
1. un soir
2. en hiver
3. le 21 mars
4. en pleine journée
5. au petit matin
6. au cœur de la nuit
7. au début de l'été
8. la veille de Noël
9. au milieu de l'après-midi

Lieux
1. en plein centre-ville
2. dans une petite gare de province
3. à côté d'un commissariat
4. au rayon jouets d'un grand magasin parisien
5. dans un parc
6. dans un pavillon de banlieue
7. dans un petit port de pêche
8. sur une patinoire
9. dans une salle de cinéma

Objets
1. une lettre d'amour
2. une montre en or
3. une paire de lunettes
4. une veste de costume
5. une éponge
6. un célèbre tableau
7. un sac en cuir noir
8. une boîte ancienne en métal
9. un roman du XIXe siècle

Autres personnes
1. un ouvrier du bâtiment
2. un artiste
3. une touriste italienne
4. le conseiller d'un ministre
5. un marin breton
6. un jeune sportif
7. une syndicaliste
8. une mère de famille
9. deux sœurs jumelles

Points de vue sur...

1 COMPRENDRE • ÉCRIT

a) Lisez ces réflexions, puis cochez ci-dessous les problèmes abordés.

Seul le visible mérite information. Ce qui n'est pas visible et n'a pas d'image n'est pas télévisable, donc n'existe pas. [...]

Le choc émotionnel produit par les images – surtout celles de chagrin, de souffrance et de mort – est sans commune mesure avec celui que produisent les autres médias, même la photographie.

Le journal télévisé, spectacle structuré comme une fiction, a toujours fonctionné sur une dramaturgie de type hollywoodien. C'est un récit dramatique qui repose sur l'attrait principal d'une star, le présentateur unique. L'information principale n'est pas ce qui s'est passé mais comment le présentateur nous dit ce qui s'est passé.

La télévision n'est pas une machine à produire de l'information mais à reproduire des événements. L'objectif n'est pas de nous faire comprendre une situation, mais de nous faire assister à un événement.

D'après Ignacio Ramonet, site de l'UNESCO.

- ❑ **1.** le pouvoir de la télévision
- ❑ **2.** la manipulation des téléspectateurs
- ❑ **3.** la puissance du cinéma hollywoodien
- ❑ **4.** le statut du présentateur
- ❑ **5.** la « chasse » aux événements
- ❑ **6.** la neutralité de la photo
- ❑ **7.** l'organisation du journal télévisé
- ❑ **8.** le devoir d'information
- ❑ **9.** la fonction de la télévision
- ❑ **10.** le rôle éducatif des médias
- ❑ **11.** la charge émotionnelle de l'image
- ❑ **12.** le pouvoir de la publicité
- ❑ **13.** le poids des mots
- ❑ **14.** la censure

S'EXPRIMER

b) Partagez-vous l'analyse de l'auteur ? Sur une feuille séparée, illustrez ses propos avec des événements de l'actualité.

2 S'EXPRIMER

LES MÉDIAS VEILLENT*
DORMEZ CITOYENS

a) Comment comprenez-vous le document ci-contre ? D'après vous, quel message l'auteur veut-il faire passer ?

....

....

....

....

b) Êtes-vous d'accord ? Justifiez votre point de vue avec au moins deux exemples.

....

....

....

*** Veiller :** rester éveillé, être de garde, surveiller.

3 4 COMPRENDRE • ORAL

a) Écoutez l'interview et répondez.

1. Quel est le thème de l'interview ? ....
2. Par quel organisme l'enquête a-t-elle été publiée ? ....
3. Quels sont les réseaux sociaux évoqués ? ....

b) Vrai (V) ou faux (F) ? Réécoutez et répondez en justifiant quand c'est possible avec des chiffres.

1. Le réseau social le plus utilisé en entreprise est Google+. ....
2. Peu de salariés utilisent quotidiennement les réseaux sociaux sur leur lieu de travail. ....
3. Les cadres utilisent un peu moins ces réseaux que les autres catégories socioprofessionnelles. ....
4. La majorité des entreprises laissent l'accès libre aux réseaux sociaux à leurs salariés. ....
5. La plupart des salariés veulent être « amis » ou acceptent d'être « amis » avec leur chef. ....
6. Beaucoup de salariés sont « fans » de leur entreprise. ....

POINT vocabulaire

c) Relevez les expressions équivalentes dans l'extrait.

1. mesure du pourcentage de personnes qui utilisent un réseau → ....
2. utiliser tout son temps à aller sur Internet → ....
3. restreindre la possibilité d'aller sur un réseau → ....
4. être en relation avec → ....
5. lire les nouveaux messages publiés sur Twitter → ....

S'EXPRIMER

d) Et vous, utilisez-vous beaucoup les réseaux sociaux ? Lesquels ? Dans votre pays, les utilise-t-on souvent en entreprise ? Répondez en quelques lignes sur une feuille séparée.

4 COMPRENDRE • ÉCRIT

a) Lisez l'article page 41 et répondez aux questions sur une feuille séparée. Justifiez vos réponses.

1. Ce texte est :

❑ **a.** informatif. ❑ **b.** argumentatif. ❑ **c.** descriptif.

2. Depuis quand les gratuits existent-ils ? Les craintes que leur apparition avait générées se sont-elles confirmées ?
3. Pourquoi les gratuits n'entrent-ils pas en concurrence avec la presse payante ?
4. Les lecteurs des gratuits lisent-ils aussi la presse nationale et régionale ?
5. Les jeunes apprécient-ils les gratuits ? Pour quelles raisons ?
6. À quoi est dû le succès des gratuits, selon un sociologue des médias ?
7. Comment la lecture des gratuits s'est-elle démultipliée ?
8. Quelle est l'ambition du groupe *Metro* ?

2002-2012 : la presse gratuite fête ses dix ans !

Arrivés en France en 2002, les quotidiens gratuits, Metro *et* 20 Minutes *puis, quelques années plus tard,* Direct Matin, *ont fait craindre le pire aux journaux payants. Dix ans après, l'information gratuite a conquis un solide lectorat et la situation de la presse payante n'a pas empiré...*

Les débuts de l'information quotidienne gratuite

Février 2002 : le lancement du quotidien ***Metro***, suivi de très près, en France, par celui de son concurrent ***20 Minutes***, inquiète la presse payante. Après Internet, cette nouvelle source d'information gratuite fait en effet craindre aux journaux payants un effondrement des ventes et une diminution de leur lectorat. Les quotidiens nationaux et régionaux se sentent menacés. Mais, dix ans plus tard, même si la presse écrite connaît des difficultés, le débarquement tant redouté semble avoir fait **moins de dégâts que prévu**.

Jean-Christophe Thiery, président de Bolloré Média (éditeur de *Direct Matin*), estime que les gratuits n'entrent pas en concurrence avec la presse payante. « Le journal gratuit a pour ambition de présenter à ses lecteurs une information complète, mais condensée, résumée pour une lecture rapide, analyse-t-il. Il n'a pas vocation à remplacer la presse payante pour ce qui est de l'approfondissement de l'actualité. » D'ailleurs, selon les études, les trois quarts des lecteurs des quotidiens gratuits ne liraient pas la presse nationale, et quatre sur cinq ne liraient pas la presse régionale. En outre, avec **4,4 millions de lecteurs cumulés en France**, les quotidiens gratuits que sont *Metro*, *20 Minutes* et *Direct Matin* se placent loin derrière les 8,3 millions de lecteurs de la presse quotidienne nationale et les 17,2 millions de la presse quotidienne régionale.

Les quotidiens gratuits appréciés par les jeunes

Ces trois grands réseaux ont toutefois conquis un public nouveau, jeune, actif et urbain. Ils leur apportent une offre différente et veulent être aussi mobiles que leurs lecteurs. Il y a dix ans, les premiers numéros de *Metro* étaient ainsi distribués à la sortie des transports en commun des grandes agglomérations (Paris et Marseille notamment) afin de cibler les « actifs urbains » et répondre aux attentes du grand public. Pour le **lectorat de jeunes actifs urbains**, les sujets sont l'emploi, la formation, la santé ou la famille. Les gratuits font par ailleurs la part belle aux activités culturelles, sous toutes leurs formes. Ces jeunes prennent ainsi l'habitude de lire un journal. Sans presse gratuite, ils n'auraient peut-être eu aucun lien avec la presse écrite.

Le numérique : enjeu d'avenir

Sociologue des médias, Rémy Rieffel estime pour sa part que « le succès des quotidiens gratuits est très lié à notre société de loisirs, de la **culture de l'accès facile, du zapping et de la rapidité** ». Mais dans cette course à l'information, ces titres n'ont pas encore abattu toutes leurs cartes. Et pour cause, **la prochaine manche se jouera sur la toile**. *20 Minutes* totalise aujourd'hui près de 20 millions de vues quotidiennes sur son site Internet. Il est dans les quinze premiers du classement des sites français les plus consultés, après ceux du *Parisien* et de *Libération*. Le groupe a par ailleurs largement investi le numérique grâce à la télévision sur Internet, aux applications pour smartphones et tablettes.

Metro et *Direct Matin* vont bientôt lancer ensemble un site direct-matin.fr et une nouvelle version du journal *Metro* sera dévoilée prochainement. Au programme : changement de format, évolution de la maquette mais aussi du contenu. « Notre ambition est de devenir le quotidien préféré des jeunes actifs français. Nous allons aussi mettre les bouchées doubles autour des **applications pour smartphones et tablettes** », prévient la directrice générale des publications *Metro* France. La guerre de l'information gratuite ne fait que commencer...

D'après Marie-Laure Makouke,
25 février 2012
www.terrafemina.com

S'EXPRIMER

b) Y a-t-il des journaux gratuits dans votre pays ? Ont-ils autant de succès qu'avant ? Si oui, est-ce pour les raisons exposées dans cet article ? Si non, pour quelles raisons ? Répondez en quatre lignes environ.

5 **S'EXPRIMER**

Quelle information vous a fait le plus réagir ces derniers jours ? Résumez-la et expliquez pourquoi vous souhaitez en parler. Répondez en six lignes environ.

Outils pour...

› Exprimer la cause et la conséquence

1 LEXIQUE

Repérez dans la grille (verticalement et horizontalement) les six mots qui vous permettront de reconstituer le message caché.

L	A	W	L	T	X	G	O	A	M	I	N	A
S	D	E	C	L	A	R	A	T	I	O	N	B
A	K	X	M	U	Y	H	P	B	N	C	U	S
T	N	D	U	V	P	R	E	M	I	E	R	T
R	L	C	N	W	B	I	Z	C	S	K	V	P
V	A	F	O	A	C	J	R	D	T	L	W	Y
E	M	G	P	C	Z	K	S	E	R	M	X	U
Z	I	P	R	O	V	O	Q	U	E	R	Y	M
I	A	H	Q	L	D	L	T	F	O	N	Z	T
N	E	I	D	E	S	M	U	G	P	Q	B	Y
S	R	J	G	R	F	I	V	H	S	T	R	O
B	S	K	S	E	T	U	D	I	A	N	T	S

La ....

du ....

va ....

la ....

des ....

2 GRAMMAIRE

Reliez les deux phrases par une expression de cause ou de conséquence.

1. L'ouragan Sandy. – Des milliers d'Américains contraints de quitter leur domicile.

....

2. En Grande-Bretagne, quatre femmes sur cinq craignent de conduire seules la nuit. – Une compagnie d'assurances a mis à leur disposition un passager gonflable.

....

3. Nous n'avons pas de télé à la maison. – Nous suivons l'actualité avec la presse écrite.

....

4. Apple affiche des résultats records. – Énorme succès de son iPod.

....

3 GRAMMAIRE

Imaginez un lien logique entre les deux éléments et écrivez la phrase correspondante, comme dans l'exemple.

Exemple : un gros orage – un vol de bijoux → Des bijoux ont été volés ***à la suite d'****une coupure de courant provoquée par un gros orage : en effet, le système d'alarme de la bijouterie n'avait pas fonctionné.*

1. un défaut de prononciation – une rencontre amoureuse

....

2. un pari – une caisse de champagne

....

3. un accident – des retrouvailles

....

4  COMMUNICATION

Mettez-vous par deux et choisissez une des situations ci-dessous. Préparez un dialogue et jouez la scène. Employez des expressions de cause et de conséquence pour justifier votre attitude.

1. Vous arrivez en retard de plus d'une heure à un entretien d'embauche très important pour votre carrière. Vous vous justifiez comme vous pouvez pour rassurer le recruteur sur votre sérieux, mais il ne vous croit pas. Vous insistez.
2. Votre meilleur(e) ami(e) vous demande un service que vous ne pouvez pas lui rendre. Vous lui expliquez le problème mais il/elle ne vous croit pas. Vous lui exposez les autres raisons pour lesquelles vous devez refuser.

› Évoquer un événement non confirmé

5 GRAMMAIRE

Transformez ces informations en informations non confirmées et vice versa, comme dans les exemples.

Exemples : La pollution est à l'origine du réchauffement climatique. → La pollution serait à l'origine...
Le match aurait été interrompu par des violences dans les tribunes. → Le match a été interrompu...

1. Ce chanteur a fait plusieurs tentatives pour arrêter le tabac et l'alcool.
   ....
2. Le maire risquerait six mois de prison et 22 000 euros d'amende pour ses propos racistes.
   ....
3. Les longues silhouettes sur les podiums n'ont plus autant de succès : la mode est désormais aux rondeurs.
   ....
4. Le prix Nobel de littérature serait attribué à un écrivain de nationalité chinoise.
   ....
5. Le président va se représenter comme candidat aux prochaines élections.
   ....

6 GRAMMAIRE

Mettez en forme les notes du journaliste. Attention à la formulation : les informations ne sont pas vérifiées.

Infos insolites du jour

1. La reine d'Angleterre – la plus grande collection de timbres au monde
2. Le pape – héros d'un dessin animé
3. Un tableau volé il y a 41 ans – retrouvé grâce au Web
4. Un homme – marié 201 fois en 48 ans
5. Des pompiers occupés pendant une semaine – sauver un chien

1. ....
2. ....
3. ....
4. ....
5. ....

7 GRAMMAIRE

Sur une feuille séparée, rédigez une dépêche en évoquant l'un des faits suivants. Nuancez vos propos, faute d'informations suffisantes.

Du chocolat noir sous haute surveillance à l'aéroport d'Amsterdam

Découverte d'une souris morte dans une boîte de conserve

Un mouton retrouvé en Nouvelle-Zélande avec 27 kg de laine sur le dos

La vie au quotidien

1 COMPRENDRE • ÉCRIT

Lisez ce communiqué de l'association Droit au logement (DAL) et répondez aux questions.

COMMUNIQUÉ

Paris, le 27 01 2011

La loi sur l'habitat léger de loisirs, dite loi Léonard, adoptée en novembre dernier à l'Assemblée nationale (à l'unanimité), prévoit dans son article 1er de limiter à trois mois maximum la durée de séjour dans un camping, lorsqu'il constitue la résidence principale de l'occupant.

Cette disposition brutale va jeter sur les routes plusieurs dizaines de milliers de personnes, déscolariser les enfants, faire supporter les lourds frais de déplacement du mobil-home, laisser les habitants à la merci d'une autorisation du maire ou de l'arbitraire de certains gérants de camping sans scrupule, ou les contraindre à s'installer sur des terrains non urbanisés.

C'est la raison pour laquelle nous demandons :
→ **le retrait de cette mesure,**
→ **la domiciliation et un statut pour les habitants de camping à l'année,**
→ **la mise en œuvre d'un droit au relogement.**

Contre le projet de loi qui expulse tous les trois mois les habitants de camping, rassemblement **samedi 28 janvier à Chatelaillon-Plage** (au sud de La Rochelle) **à 15 heures** devant la mairie du rapporteur, M. Léonard.

Cette première manifestation prépare des mobilisations dans d'autres villes.

Un toit, c'est un droit !

Fédération Droit au logement
29 avenue Ledru Rollin, 75012 Paris • tél. : 01 40 27 92 98 • fax 01 42 97 40 18 • http://www.droitaulogement.org/

a) Cochez la ou les bonne(s) réponse(s).

1. La loi Léonard :
❑ **a.** a été votée par les députés.
❑ **b.** a été votée par les sénateurs.
❑ **c.** n'a pas encore été votée.

2. Elle concerne :
❑ **a.** les gérants de camping.
❑ **b.** les pauvres et les précaires.
❑ **c.** les touristes.

3. Jusqu'à ce projet de loi, il était légal de séjourner en camping :
❑ **a.** 3 mois maximum.
❑ **b.** 6 mois.
❑ **c.** toute l'année.

4. Quels sont les risques de cette disposition ?
❑ **a.** Le camping va coûter plus cher.
❑ **b.** Les enfants ne vont plus aller à l'école.
❑ **c.** Des bidonvilles vont se créer.

5. Droit au logement demande que le député :
❑ **a.** retire cette loi.
❑ **b.** s'excuse devant les personnes concernées.
❑ **c.** permette aux gens d'avoir une adresse permanente dans un camping.

6. L'association invite les gens à :
❑ **a.** signer une pétition en ligne.
❑ **b.** manifester.
❑ **c.** écrire au député.

b) Pourquoi l'association DAL a-t-elle choisi la mairie de Châtelaillon-Plage ?

....

c) *Un toit, c'est un droit !* Que veut dire ce slogan ? Rédigez une phrase équivalente.

....

2 LEXIQUE

Complétez ces témoignages à l'aide des mots proposés. Faites les transformations nécessaires.

secourir – démunis – donner – aide – s'impliquer – se sentir utile – soutien – dans le besoin – exclues – donner un coup de pouce

Qu'est-ce qui vous pousse à partir comme volontaire avec Médecins du Monde ?

« D'abord un désir de .... auprès des populations .... Un désir de .... Partout sur cette planète, des populations vulnérables, réfugiés, personnes .... de la société, victimes de conflits ou de catastrophes ont besoin de notre .... et de notre .... » *Zoé, infirmière*

« Pour ma part, c'était le goût de relever un défi, d'aller .... aux plus ...., ... les plus fragiles, et aussi le goût de l'aventure, de l'inconnu. On partait en pensant qu'on allait surtout .... et on se rend compte qu'on reçoit tout autant, sinon plus. » *Antoine, médecin*

3 COMPRENDRE • ÉCRIT

Marion écrit à une association pour demander des précisions avant de s'engager. Reconstituez sa lettre.

...... **a.** Seulement voilà, je ne sais pas comment m'y prendre ! Je me pose un certain nombre de questions.
...... **b.** Je vous remercie d'avance pour votre réponse.
...... **c.** Cela fait quelques semaines que je me dis que ce serait bien de m'investir dans une organisation comme la vôtre, pour essayer de rendre meilleure la vie de ceux qui souffrent.
...... **d.** J'espère que vous pourrez me renseigner sur ces points, mon engagement futur en dépend.
...... **e.** Je viens de trouver une brochure présentant votre association.
...... **f.** Cherchez-vous des bénévoles dans la région ? Faut-il avoir des compétences spécifiques ou la bonne volonté est-elle suffisante ? Pourrai-je m'investir même de façon occasionnelle ?
...... **g.** Madame, monsieur,
...... **h.** J'ai participé financièrement, mais je pense que ce serait bien de faire plus en donnant de mon temps.

4 S'EXPRIMER

Lisez ces annonces. Vous souhaitez adhérer à l'une de ces associations. Rédigez un mail au président de celle-ci pour l'en informer et lui demander des précisions sur les activités de l'association.

la ville à vélo
Adresse : 18, rue du chemin vert • Mél : lavilleavelo@cheminvert.org
Permanence : mercredi de 14 h à 18 h et samedi de 10 h à 12 h.

Collectif de vigilance contre les discriminations
Lutter contre toutes les formes de discrimination.
Adresse : 6, rue Casanova • Mél : cvcr@ensemble.org
Responsable : M. Mathieu Dufay

Ensemble contre les nuisances sonores
Lutter contre les diverses nuisances sonores qui empoisonnent notre quotidien
Adresse : 19, rue Marcel Lamant
Mél : jean.bado@free.fr
Permanence : le mardi et le jeudi de 14 h 30 à 17 h.

Les Restos du cœur
Apporter une aide alimentaire aux plus démunis.
Mél : restosducoeur@asso.org
Responsable : M. Daniel Le Bec
Permanence : de décembre à mars, tous les jours de 8 h 30 à 11 h 30 sauf samedi et dimanche

D5

Outils pour...

› Aider et encourager

1 LEXIQUE

Complétez les dépêches avec les expressions de la liste. (Plusieurs réponses sont parfois possibles.)

assistance – soutien – aide – solidarité – appui – main-forte – coup de main

1. Suite aux ouragans qui ont balayé le pays, des volontaires ont offert leur .... pour déblayer les routes encombrées par des centaines d'arbres déracinés.
2. Pendant ces journées dramatiques consécutives aux inondations, tout le monde était occupé à sauver ses biens ou à prêter .... aux voisins.
3. L'UE a offert son .... sous la forme d'une .... d'urgence.
4. La communauté internationale s'est mobilisée et a exprimé sa .... devant cette terrible catastrophe naturelle en envoyant des dons.
5. Le directeur général de l'Unesco a proposé le .... de l'organisation aux régions dévastées.
6. Des chirurgiens étrangers ont donné un .... aux médecins locaux.
7. Télécom sans Frontières est une ONG humanitaire spécialisée dans les télécoms d'urgence. Elle apporte un .... aux victimes de catastrophes naturelles, en créant un lien avec le reste du monde.

2 COMMUNICATION

Imaginez la situation dans laquelle on pourrait formuler ces messages.

Exemple : Tenez bon, les secours arrivent ! → Un passant à un cycliste qui a fait une chute.

1. Courage pour la dernière épreuve ! Je suis sûre que tu vas réussir.

   ....

2. Nous vous soutenons dans votre action. Ne perdez pas confiance !

   ....

3. Tiens le coup jusqu'à l'arrivée, on prépare le champagne !

   ....

4. Garde le moral, tu vas bien finir par décrocher un entretien !

   ....

3 COMMUNICATION

Que dites-vous pour encourager votre interlocuteur dans ces situations ? Variez les formulations.

1. Une amie vous téléphone, elle vous annonce qu'elle vient d'être licenciée.

   ....

2. Votre voisine frappe à votre porte, son petit ami vient de la quitter : elle est abattue.

   ....

3. Votre frère cherche un appartement depuis des mois, il a passé sa journée dans les agences immobilières, en vain.

   ....

› Promouvoir une action de solidarité

4 GRAMMAIRE

Soulignez les participes présents et les gérondifs et identifiez la valeur exprimée : temps, cause, manière ou condition.

1. La mobilisation est importante : les membres du comité de soutien travaillent en collectant produits alimentaires, vêtements, et en assurant un accès aux soins. → ....
2. Ne pouvant se faire entendre des autorités, cet immigré a entamé une grève de la faim. → ....
3. En sensibilisant davantage les gens aux problèmes des sans-papiers, on fera avancer les choses. → ....
4. En allant sur le terrain, il a pu accomplir sa mission et se sentir véritablement utile. → ....
5. C'est en protestant contre ces injustices qu'on a pu obtenir le retrait du projet de loi. → ....

5 GRAMMAIRE

Complétez les slogans en choisissant le gérondif ou le participe présent du verbe entre parenthèses.

1. Sauvez des vies .... *(donner)* votre sang !
2. Pour une société .... *(offrir)* plus d'opportunités aux jeunes !
3. .... *(devenir)* bénévole dans notre association, vous donnerez autant que vous recevrez.
4. .... *(faire)* un don, vous permettrez aux plus démunis de manger des repas chauds.
5. Recherchons bénévoles .... *(avoir)* envie de s'investir à nos côtés.

6 GRAMMAIRE

Lisez cet article puis reformulez-le sur une feuille séparée en expliquant comment les bénévoles et les étudiants sont venus en aide aux Roms[1] dans l'ordre chronologique de leurs actions. Variez les formulations.

Les Roms chassés, leurs animaux relogés

Ils vivaient à 150 sur cette friche[2] de 10 hectares en face de l'école d'architecture, certains depuis plus de deux ans. Les Roms imitent les cris des CRS[3] : « *Police ! Dégage, dégage !* » Ils sont une trentaine, la moitié sont des enfants. Pas d'eau potable. Des toilettes sèches ont été improvisées. Des bénévoles font de leur mieux pour les aider, apportent des bouteilles d'eau minérale, des fruits, mesurent la taille des chaussures qui manquent pour deux petites filles aux pieds nus.

Avant son expulsion, le groupe vivait dans les cabanes construites grâce à l'Atelier solidaire, fondé par des étudiants en architecture. « *C'était en mai 2010. On organisait deux fois par an une fête sur la friche. C'était dégueulasse, on était là pour nettoyer, et c'est comme ça qu'on a rencontré les Roms qui s'étaient installés là. Ils nous ont aidés* », se souvient Yann Lafolie, président de l'association. Puis arriva août 2010 et le discours de Grenoble de Nicolas Sarkozy, durcissant la lutte contre l'immigration illégale et les expulsions massives. Pour les étudiants, c'était l'occasion de mettre leurs cours en pratique en construisant six petits chalets en bois. Le projet a pris de l'ampleur. Un jardin partagé a vu le jour, avec potagers pour les habitants du quartier et les Roms. Des chèvres, des poules pondeuses, un cochon y ont été installés. « *Plus aucun enfant des chalets n'allait mendier car ils étaient scolarisés, on prévoyait un atelier d'alphabétisation pour les adultes. La Fondation de France était prête à nous aider* », se désole Yann Lafolie, qui voit dans l'expulsion un « *gâchis* ». Les cabanes ont été démontées par les services de la communauté urbaine de Lille, et les bêtes prises en charge par la Ligue de protection des animaux. « *Eux, ils ont eu tout de suite un toit* », ironise une bénévole de l'Atelier solidaire. Au contraire des familles, dont certaines avec des enfants en bas âge.

Stéphanie Maurice, *Libération*, 22/08/2012.

1. Roms : Tsiganes originaires d'Europe de l'Est ayant en commun la langue romani.
2. Friche : bout de terrain. **3. CRS :** compagnies républicaines de sécurité.

Les étudiants ont rencontré les Roms en nettoyant la friche. Puis ils ont monté une association, l'Atelier solidaire, et ils se sont impliqués en construisant des petits chalets en bois...

D5

Points de vue sur...

1 LEXIQUE

Complétez ces témoignages à l'aide des mots proposés. Faites les transformations nécessaires.

manifestation – informer – pétition – association – dénoncer – défendre – adhérer – organisation

1. Je ne suis pas engagé dans une .... mais il m'arrive souvent de descendre dans la rue pour .... une cause. Lors de ces ...., je rencontre d'autres personnes qui ont les mêmes idées que moi, ensemble nous .... ce qui nous paraît injuste dans le monde.
2. J'ai été sensibilisée à cette question quand on m'a demandé de signer une .... Le soir même, j'ai cherché des informations sur le Net et j'ai découvert cette .... non gouvernementale. Depuis, j'y ai .... et je suis moi aussi amenée à .... les gens.

2 COMPRENDRE • ÉCRIT

Lisez ces témoignages et relevez dans un tableau sur une feuille séparée les arguments des partisans du droit de grève et de ceux qui y sont opposés (arguments pour et arguments contre).

MICROTROTTOIR : QUE PENSEZ-VOUS DU DROIT DE GRÈVE ?

1. Je pense qu'en France les fonctionnaires ont tendance à abuser de ce droit. On se met en grève pour un oui, pour un non, et ça retombe sur nous, les usagers. Je pense surtout aux grèves dans les transports en commun, on se sent pris en otage ! Heureusement qu'on a réintroduit le service minimum, ça va beaucoup mieux !
2. Les grèves, ça fait partie de la tradition française, ce n'est pas pour rien qu'on est champion d'Europe ! Dans les pays scandinaves, on privilégie la discussion avant l'action. Ici c'est le contraire, c'est le conflit qui déclenche la négociation. Nos dirigeants essaient de faire passer les choses par la force, en se disant « On verra bien, ça passe ou ça casse ! », et ils attendent que ça casse vraiment pour faire machine arrière...
3. Moi, je suis une salariée du privé, je ne peux pas me permettre de me mettre en grève au moindre conflit, de perdre des journées de salaire... mais je soutiens ceux du public quand ils manifestent leur mécontentement. Ça débouche le plus souvent sur des négociations, la preuve que c'est efficace !
4. Moi, je trouve ça violent et puis, ça ne débouche sur rien la plupart du temps. Ça sert juste à faire du bruit. J'ai vu des grévistes agresser des collègues qui ne faisaient pas grève, les insulter. Ils sont allés jusqu'à séquestrer notre chef d'équipe, vous vous rendez compte ?
5. La grève ? C'est un mal nécessaire ! Il faut parfois une action forte pour faire bouger les choses. Sinon, c'est la paralysie sociale. Si des gens dans ce pays ne s'étaient pas battus pour obtenir de meilleures conditions de travail, les congés payés et tout ça, on n'en serait pas aux 35 heures aujourd'hui !

3 S'EXPRIMER

a) Classez ces grèves par ordre d'importance selon vous, puis discutez de vos choix.

...... **a.** Grève des garçons de café contre l'obligation de se raser la moustache (1913).
...... **b.** Grève des lycéens pour la mixité dans les classes (1980).
...... **c.** Grève contre la réforme des retraites et de la Sécurité sociale (1995).
...... **d.** Grève contre la vidéosurveillance des employés chez LIDL[1] (2005).
...... **e.** Grève des éboueurs[2] à Marseille contre la réorganisation du rythme de travail (2006).
...... **f.** Grève des buralistes contre l'interdiction de fumer dans les lieux publics (2006).
...... **g.** Grève contre la précarité des contrats première embauche (CPE) (2006).
...... **h.** Grève des étudiants contre la grève : contre le blocage des universités, pour la reprise des cours (2006).
...... **i.** Grève des enseignants contre la réforme des universités (2009).
...... **j.** Grève des étudiants québécois contre la hausse des frais de scolarité (2012).

1. **LIDL :** supermarché. 2. **Éboueurs :** employés chargés de débarrasser la voie publique des ordures ménagères.

b) Et dans votre pays, y a-t-il des grèves ? Comment les gens manifestent-ils leur mécontentement ?

....

....

4 5 COMPRENDRE • ORAL

a) Écoutez l'enregistrement et répondez.

Quelles sont les thématiques abordées dans l'émission ? Corrigez si besoin.

❑ **1.** les préjugés sur les enfants handicapés en France ....

❑ **2.** la scolarisation des 15-30 ans ....

❑ **3.** la loi du 01/07/1962 contre le racisme ....

b) Réécoutez le début de l'extrait (avant l'interview) et répondez aux questions sur une feuille séparée.

1. Qu'est-ce qu'une auxiliaire de vie scolaire ? Décrivez sa fonction.
2. Combien de postes supplémentaires ont été créés à la rentrée 2012 ? Pourquoi est-ce jugé insuffisant ?

c) Vrai ou faux ? Réécoutez l'interview et répondez sur une feuille séparée. Justifiez votre réponse.

1. Les jeunes Français s'intéressent encore à la politique.
2. Ils s'engagent moins que leurs aînés.
3. Les questions sur lesquelles ils sont prêts à s'engager sont liées à des problèmes concrets.

POINT vocabulaire

d) Relevez les expressions équivalentes dans l'extrait.

1. un accompagnant pour les élèves en difficulté → ....
2. une situation professionnelle instable → ....
3. s'impliquer → ....
4. militer → ....
5. des réclamations → ....

5 COMPRENDRE • ÉCRIT

Lisez les messages suivants laissés sur un forum de discussion et répondez aux questions.

FORUM

Discussion : Faut-il régulariser les sans-papiers ?

Morgane, 27 ans
On ne peut pas fermer les yeux sur les problèmes politiques des autres pays. Les populations civiles sont les premières à en subir les conséquences. Il faut renforcer notre position de défenseurs de la démocratie et mettre en œuvre le fameux « Liberté, Égalité, Fraternité ».

Cris, 34 ans
Actuellement, les services sociaux croulent sous les demandes. Le gouvernement a du mal à venir en aide aux citoyens en situation précaire. Il ne serait pas correct d'accorder une régularisation sans que cette dernière puisse être encadrée par le personnel nécessaire.

Laura, 23 ans
Je ne crois pas qu'une loi suffise à régler ce problème. On pourrait envisager la délivrance de papiers provisoires, qui seraient définitivement accordés après une période d'essai et une réussite de l'intégration. Les clandestins se retrouvent dans des situations de précarité épouvantables. Il en résulte une grande misère à laquelle l'État ne peut répondre.

Wassim, 30 ans
S'opposer à cette régularisation est totalement injuste. Les sans-papiers ne peuvent pas circuler librement dans la rue. Quand on parle des sans-papiers, on oublie que certains entrent légalement, puis voient leurs papiers expirer. Ils deviennent alors des hors-la-loi. Parmi eux figurent des réfugiés qui ont peur de devoir repartir dans leur pays.

Abdelkader, 45 ans
Le gouvernement actuel est d'accord pour régulariser au cas par cas, suivant des critères comme le nombre d'années de présence en France, la scolarisation des enfants... C'est pas mal mais, pour moi, ce n'est pas suffisant. Si on régularise tous les sans-papiers, il n'y aura plus le problème du travail au noir !

D'après Sophie Laporte, *L'Étudiant*.

a) Dites qui de Morgane, Laura, Cris, Wassim et Abdelkader aurait pu dire les phrases suivantes.

....	**1.** Oui : la France doit rester une terre d'accueil.
....	**2.** Non : la France n'a pas les moyens de suivre l'intégration des sans-papiers.
....	**3.** Oui : on prive certaines personnes de leurs droits les plus fondamentaux.
....	**4.** Oui : ça permet de lutter contre l'économie souterraine.
....	**5.** Non : je ne pense pas qu'on puisse aujourd'hui gérer ce phénomène.

b) Expliquez ces extraits issus des témoignages avec vos propres mots.

1. fermer les yeux sur les problèmes politiques : ....

2. notre position de défenseurs de la démocratie : ....

3. une réussite de l'intégration : ....

4. les services sociaux croulent sous les demandes : ....

5. Ils deviennent alors des hors-la-loi : ....

6. régulariser au cas par cas : ....

Outils pour...

› Exprimer des objectifs

1 LEXIQUE

Soulignez les verbes et les noms qui évoquent l'idée de but.

Exemple : En remportant la Route du rhum en 7 jours et 17 heures, Lionel Lemonchois a réalisé son rêve.

1. Le Premier ministre ambitionne de créer 400 000 emplois pour relancer la compétitivité.
2. La « ménagère de moins de 50 ans » est la cible de nombreuses publicités agressives.
3. Combattre les actes de malveillance est l'objectif de cette organisation.
4. De plus en plus de femmes cherchent à se réunir en associations pour lutter ensemble contre les inégalités.
5. Nous avons mis en place un système de protection qui vise à protéger les enfants qui naviguent sur le Web.
6. Ils ont l'intention de demander une subvention pour faire fonctionner leur association.

2 GRAMMAIRE

Reconstituez ces phrases en exprimant le but. (Plusieurs réponses sont possibles.)

1. Les publicitaires sont prêts à tout	afin de	les choses évoluent dans les banlieues.
2. Il est parti au Vietnam avec cette ONG	pour	proposer des animations aux enfants.
3. Elle milite dans cette association	dans le but de	prochaines élections.
4. Ils ont manifesté	pour que	les droits de l'enfant soient pris en compte.
5. Un groupe de jeunes a créé un collectif	en vue de	de l'argent.
6. Elles sont allées dans des orphelinats	de manière à ce que	faire pression sur les pouvoirs publics.
7. Elle a défendu les intérêts des agriculteurs		se rendre utile.

3 GRAMMAIRE

a) Présentez les objectifs de ces ONG ou associations, en utilisant des expressions de but variées.

1. L'UNICEF .... apporter son aide dans la lutte contre la pauvreté et la faim et dans le combat pour l'éducation et l'égalité des sexes.
2. .... de WWF est de mettre un terme à la dégradation de l'environnement et à la disparition des espèces animales protégées.
3. SOS Racisme .... toutes les formes de discrimination soient dénoncées.
4. Amnesty International .... défendre les droits de l'homme dans le monde entier.
5. Reporters sans Frontières .... lutter pour la liberté de la presse et la liberté d'information.
6. Droit au logement est une association française dont .... permettre aux populations les plus fragilisées d'avoir accès à un logement décent.

S'EXPRIMER

b) Sur le même modèle, présentez une ONG que vous connaissez ou une association de votre pays.

....

....

4 GRAMMAIRE

Observez l'illustration puis imaginez et rédigez les objectifs de chaque association en utilisant des expressions de but.

› Exprimer la durée

5 GRAMMAIRE

Choisissez l'expression de durée qui convient : *pour*, *pendant* ou *depuis*.

1. Il est parti en mission à l'étranger .... une période de deux ans. Pour s'y préparer, il a pris des cours intensifs de langue .... six mois. Il vit là-bas .... quatre mois, et il peut déjà se débrouiller seul dans la vie quotidienne.
2. Elle a enseigné le français .... neuf mois au Cambodge et elle est rentrée en France .... quelques mois seulement, juste le temps de trouver un autre poste à l'étranger. .... qu'elle est rentrée, elle ne pense qu'à une chose : repartir .... plusieurs années !
3. Ils ne sont restés membres de cette association que .... un an, alors qu'ils s'étaient engagés .... une période beaucoup plus longue.
4. Il était de passage dans sa ville natale .... deux ou trois jours seulement mais il a décidé de prolonger son séjour et de rester .... une semaine pour s'occuper de sa famille.
5. Les cheminots s'étaient mis en grève .... quelques jours seulement mais, comme le conflit avec la direction de la SNCF s'est durci, le mouvement a continué et a paralysé la France .... deux semaines.

6 GRAMMAIRE

Lisez le CV de Michèle puis complétez son parcours en utilisant des expressions de durée.

Michèle BRUYÈRE
101, boulevard de la Guyane – 94160 Saint-Mandé
01 45 78 62 39 – 06 00 76 98 26 – mbruyere@free.fr
47 ans, mariée, 1 enfant

INFIRMIÈRE

EXPÉRIENCE PROFESSIONNELLE

depuis 2013	**Infirmière libérale** – Val-de-Marne (94)
2004 – 2012	**Hôpital Jean Mermoz – Saint-Maurice** Service de gynécologie et obstétrique et lutte contre la stérilité
2000 – 2004	**Hôpital La Pitié-Salpêtrière – Paris** Service des urgences
1998 – 2000	**Médecins sans Frontières – Éthiopie** Centre de soins
1988 – 1992	**Le Logis des Enfants – Perpignan** Cofondatrice, animatrice Création d'un atelier de musique en milieu défavorisé

FORMATION

1997	**Diplôme d'État d'infirmière** – École d'infirmières, Nancy
1987	Licence d'histoire – Université de Lille
1985	**BAFA**, Diplôme d'État pour les fonctions d'animation – Le Havre
1984	Baccalauréat sciences et techniques médico-sociales – Lille

STAGES

mars-juin 1997	**Hôpital américain – Limoges** Observation du fonctionnement du service de pédiatrie

DIVERS

Permis B – Véhicule
Membre de l'association Faim dans le monde
Marraine d'enfants défavorisés et orphelins en Thaïlande et en Ouganda

Je suis infirmière .... une quinzaine d'années. Mon parcours est atypique : j'ai passé un bac médico-social mais, au lieu de continuer en médecine, j'ai étudié l'histoire. À la sortie de la fac, j'ai travaillé dans l'animation et je me suis occupée .... quatre ans d'enfants de milieux défavorisés.

Par la suite, j'ai préparé l'école d'infirmières et, après mon diplôme, je me suis engagée .... une durée d'un an avec Médecins sans Frontières en tant qu'infirmière en Éthiopie. Ça m'a tellement plu que j'y suis restée .... de plus ! À mon retour en France, j'ai travaillé .... 2001 .... 2004 au service des urgences d'un grand hôpital parisien, puis au service de gynécologie de l'hôpital de Saint-Maurice que j'ai quitté .... un an pour m'installer à mon compte.

Si je compare mes expériences, je peux dire que j'ai davantage appris .... deux ans de volontariat en Afrique qu'.................................... treize ans de carrière en France ! Je compte bien repartir .... deux ou trois ans, si possible dans un autre pays d'Afrique.

D6 La vie au quotidien

1 LEXIQUE

a) Complétez la description de l'œuvre de Escher avec les mots proposés. Faites les modifications nécessaires.

distinguer – réalisme – premier plan – suggérer – paysage – figuratif – arrière-plan – représenter – surface – contraste

Ce tableau .... un .... : c'est un plan d'eau à la fin de l'automne. C'est une œuvre .... Au ...., on voit un poisson et, sur la .... de l'eau, flottent des feuilles mortes. À l'.................................., on .... le reflet d'arbres dénudés sur l'eau. C'est une lithographie[1] qui joue avec les .... du noir et du blanc, de l'eau et de la terre. Les dégradés de gris .... les profondeurs. Le .... du dessin permet d'identifier les espèces d'arbres d'où proviennent les feuilles.

1. **Lithographie :** reproduction par impression sur pierre d'un dessin tracé à l'encre.

M. C. Escher, *Trois Mondes* (1955).

b) D'après vous, quels sont les trois mondes évoqués dans le titre de l'œuvre ?

....

2 COMPRENDRE

Romain envoie une proposition à ses amis. Reconstituez son message.

.... **a.** Qu'en pensez-vous ? Tenez-moi au courant pour que je m'en occupe rapidement.
.... **b.** Romain
.... **c.** Puisque vous ne connaissez pas la ville, je propose de vous la faire découvrir.
.... **d.** J'ai hâte de vous revoir et de vous faire découvrir mon univers.
.... **e.** Si ça vous dit, je propose de continuer avec une petite croisière en péniche sur le canal du Midi.
.... **f.** Salut les amis,
.... **g.** Je suis sûr que vous allez adorer, c'est une autre façon de découvrir Toulouse et ses alentours.
.... **h.** On pourrait d'abord faire une balade dans le centre et déjeuner sur une place du quartier piéton.
.... **i.** À très vite ! Je vous embrasse.
.... **j.** Pour finir la journée, je pensais réserver des places au théâtre, il y a une super programmation.
.... **k.** Je viens de lire votre mail et je suis ravi d'apprendre que vous venez bientôt à Toulouse.

3 S'EXPRIMER

Vous aimeriez passer un long week-end avec un(e) ami(e) dans une capitale européenne. Écrivez-lui une lettre pour l'inviter : donnez-lui envie de découvrir cette ville en lui proposant un programme culturel.

4 COMPRENDRE • ÉCRIT

Lisez le document puis répondez aux questions.

Les Journées européennes du patrimoine reviennent le week-end du 15 et 16 septembre. Préparez votre parcours de visites à l'avance !

Le thème de cette 29e édition des Journées du patrimoine est cette année « Le patrimoine caché » (habituellement inaccessible ou sous terre).

Patrimoine souterrain, militaire, enfoui, en hauteur… Mis à l'honneur lors de cette 29e édition des Journées du patrimoine, le thème du patrimoine caché veut ainsi lever le voile sur un patrimoine qui se trouve derrière les portes, au fond des cours, sous nos pieds, au-dessus de nos têtes, dans l'ombre ou en pleine lumière. Il s'agit de rester fidèle à la vocation première de ces Journées (rendre le patrimoine mobilier et immobilier accessible au plus grand nombre) et de suivre pas à pas cette injonction de Proust : « Le véritable voyage de découverte ne consiste pas à chercher de nouveaux paysages, mais à avoir de nouveaux yeux. »

Environ 15 000 sites publics ou privés seront ouverts au public pour découvrir le patrimoine de sa ville, de sa région ou d'ailleurs ! Pour savoir quel patrimoine visiter ou découvrir, prenez le programme officiel ou renseignez-vous en mairie. Des circuits (à pied, à vélo ou en canoë) sont parfois proposés pour des visites guidées dans un quartier ou une ville. Mais vous pouvez également construire vous-même votre parcours pour profiter au maximum de votre week-end patrimoine.

À Paris et en IDF, la Direction régionale des affaires culturelles vous a concocté six parcours thématiques pour vous guider parmi tous les bâtiments, églises et autres lieux intéressants à découvrir.

Six guides à télécharger au format PDF disponibles ici :

- ***Chemin du patrimoine*** : chasse au trésor, parcours d'orgues à Paris, les secrets de la Défense, l'art nouveau à Vincennes, balade nocturne à Montmorency…
- ***En coulisse*** : découvrez les coulisses de lieux prestigieux de spectacles : opéra, théâtre…
- ***La face cachée des Archives*** : découvrez des lieux mais surtout des missions, des documents d'archives les plus précieux…
- ***Jeune public*** : les événements et lieux adaptés aux enfants (ancienne chocolaterie, ferme, musée du jouet…)
- ***Premières participations et ouvertures exceptionnelles*** : les lieux qui participent pour la première fois aux Journées du patrimoine, ou qui ne sont accessibles que pendant ces journées (tour Saint-Jacques…)
- ***Lieux secrets et souterrains*** : carrières, égouts, champignonnière, abri antiaérien, chapelle souterraine…

Bon patrimoine et bon week-end à tous !

D'après www.etudiant.aujourdhui.fr

1. Qu'est-ce que les Journées européennes du patrimoine ? Présentez cet événement culturel et dites quelle en est la thématique cette année.

....

....

2. S'agit-il d'un événement ponctuel ? Justifiez votre réponse.

....

3. Comment peut-on se renseigner sur le programme ?

....

4. Expliquez et commentez la citation de Marcel Proust dans le texte.

....

....

....

5. Citez les six parcours proposés en Île-de-France et faites votre choix, en le justifiant.

....

....

....

D6

Outils pour...

› Faire une interview

1 GRAMMAIRE

Posez des questions sur les mots soulignés, comme dans l'exemple.

Exemple : La durée de vie des sculptures sur sable varie de 4 à 6 semaines.
→ Quelle est la durée de vie des sculptures sur sable ?

1. Le sculpteur sur glace créera un Père Noël d'1,80 m, son traîneau ou la crèche, et bien d'autres figures. Les sculptures resteront « en vie » durant 8 à 48 heures, selon les conditions climatiques et le respect du public.

2. Laurent Reynès a choisi la banquise pour installer son œuvre mobile, la *Construction voyageuse*. Elle se présente comme « une porte ouverte sur le monde ». Cette petite architecture a dérivé pendant plus de huit mois, en direction du Groenland.

3. Le Ice Kube Bar à Paris a été réalisé par l'artiste contemporain Laurent Saksik à partir de 20 tonnes de glace. Le personnel prête des vêtements chauds aux clients car il fait – 10 °C à l'intérieur. L'entrée coûte 38 € et on ne peut rester qu'une demi-heure.

1. ....

....

....

2. ....

....

....

....

3. ....

....

....

....

....

2 GRAMMAIRE

Reformulez ces questions en utilisant *est-ce que* ou l'inversion.

Exemple : Quand allez-vous lire ce roman ? → Quand est-ce que vous allez lire ce roman ?

1. Qu'est-ce que tu fais ce week-end ? ....
2. Comment pensez-vous vous rendre au concert ? ....
3. Elle va où pour retirer les places du spectacle ? ....
4. Est-ce qu'il a déjà vu un spectacle de ce style ? ....
5. Pourquoi est-ce qu'il a arrêté les tournées ? ....

3 GRAMMAIRE

Transformez ces questions insolites en utilisant l'inversion, comme dans l'exemple.

Exemple : Où se trouve le nombril du monde ? → Où le nombril du monde se trouve-t-il ?

1. Pourquoi « abréviation » est un mot si long ?
....
2. Pourquoi est-ce qu'il n'y a pas de nourriture pour chat au goût de souris ?
....
3. Si je dors et que je rêve que je dors, est-ce qu'il faut que je me réveille deux fois ?
....
4. Pourquoi est-ce que les moutons ne rétrécissent pas quand il pleut ?
....
5. Comment est-ce que les panneaux « Défense de marcher sur la pelouse » arrivent au milieu de la pelouse ?
....

4 LEXIQUE

Lisez et complétez ce mail avec les mots qui conviennent pour parler de l'art et des artistes.

Nouveau | Répondre | Répondre à tous | Transférer | Supprimer | Indésirable | Tâche | Catégories | My Day | Envoyer/Recevoir

Salut Paul,

J'espère que tu as passé de bonnes vacances. Moi, je viens de passer un super séjour culturel à Paris ! J'ai vu une .... sur Van Gogh et Hiroshige, j'ai trouvé les .... superbes mais pas assez mis en valeur par l'.......... . J'ai également écouté un concert classique d'un .... tchèque dont j'ai oublié le nom, j'ai adoré le dernier ...., très émouvant. Quoi d'autre ? Je voulais voir une .... à la Comédie-Française et j'ai pris une place pour *Le Jeu de l'amour et du hasard* de Marivaux. J'ai trouvé la .... un peu classique, mais j'ai beaucoup aimé le .... des comédiens. Et, bien sûr, le .... était grandiose ! Enfin, j'ai vu *Dark Shadows*, le dernier film de mon .... préféré et, comme d'habitude, les acteurs étaient très bons et les .... très réussis. Bref, j'en ai bien profité ! La prochaine fois je t'emmène !

Bises, Violaine

5

Lisez les réponses de Mathieu Dutour, fils d'un célèbre couple d'artistes, lors d'une interview et imaginez les questions du journaliste.

1. – ....

.... ?

– On faisait un spectacle musical avec des copains, on a tourné pendant un an.

2. – ....

.... ?

– Oui, je n'avais pas trop envie qu'on me voie comme « le fils de ». Je me destinais à faire de la guitare, je ne voulais pas faire comme mes parents. Mais c'est vrai que le public des chanteurs est plus large que celui des musiciens de jazz.

3. – ....

.... ?

– C'est vrai oui. J'aime bien l'histoire aussi. J'ai un fond plutôt scientifique. J'aime bien faire du calcul mental.

4. – .... ?

– Oui, je trouve que la BD, c'est encore un truc enfantin dans la tête de plein de gens, de trop de gens, parce que, pour moi, l'un des trucs les plus émouvants ces dernières années, c'était de la BD, c'était Taniguchi, qui a fait des trucs d'une poésie à pleurer. C'est rare de trouver une finesse comme ça aujourd'hui…

5. – **Tu as demandé à des dessinateurs connus d'illustrer tes chansons pour une édition collector de ton disque.**

.... ?

– J'avais donné une interview et on m'avait demandé quelle était la personne que je rêvais de rencontrer, j'avais répondu d'abord Woody Allen, mais que ça allait être dur, et comme Français, Gotlieb, parce que je suis un grand fan. Depuis, on avait échangé quelques mails. Voilà, je lui ai demandé par mail. Je lui ai dit : je sais que tu ne dessines plus trop, mais si tu me faisais un petit dessin, je serais vachement content…

6. – **Maintenant que ta vie a changé, que tu es une célébrité,** .... ?

– Il faut faire très attention à ne pas devenir orgueilleux, prétentieux… ça doit être très difficile d'avoir un peu de succès comme j'ai là, en étant jeune. Je pense qu'on peut facilement devenir dingue. Moi j'ai envie de continuer une vie normale. Mais je suis très fier d'avoir trouvé un public, c'est sûr que ça rassure.

7. – .... ?

– La qualité de vie, c'est vachement important. Et quand tu arrives à vivre de ta passion. Le jour où j'ai été passionné de guitare et de Django Reinhardt, je savais que ma vie serait riche. Après c'est sûr que c'est agréable d'avoir des draps en coton égyptien. Mais ce qui compte, c'est avoir une passion.

8. – .... ?

– Mille choses. Je voudrais mourir comme sœur Emmanuelle, à 99 ans, en ayant pensé aux autres.

D'après www.lesimpubliables.blogs.lavoixdunord.fr

Points de vue sur...

1 LEXIQUE

Lisez les critiques suivantes et indiquez si elles sont positives (+) ou négatives (–).

...... **1.** Un film policier habile, exotique et stylé, soutenu par des comédiens inspirés.

...... **2.** Cette pièce ne fait qu'effleurer son sujet, avec une mise en scène très lourde.

...... **3.** Un album aux textes drôles et touchants.

...... **4.** Il y a un décalage entre la distribution d'acteurs, prometteuse, et le scénario, insignifiant.

...... **5.** Courons à Marly pour une balade au musée-promenade !

2 S'EXPRIMER

Décrivez et interprétez les dessins suivants. Qu'en pensez-vous ?

....

....

....

....

....

....

....

....

....

....

....

....

....

....

....

....

3 COMPRENDRE • ÉCRIT

Lisez le synopsis puis les deux critiques du film *Du vent dans mes mollets*.

SYNOPSIS

Du vent dans mes mollets

Date de sortie	22 août 2012	Réalisé par	Carine Tardieu
Genre	Comédie	Avec	Agnès Jaoui, Denis Podalydès, Isabelle Carré
Nationalité	Français		

C'est une comédie dans le gentil décor de la France de 1981, une chronique familiale qui conduit ses personnages vers des émotions toujours plus fortes... Autour de Rachel, 9 ans, et quelques « petites angoisses » qu'on l'envoie raconter à une psy (Isabella Rossellini), tourne un manège fatigué. La mère (Agnès Jaoui) passe sa vie dans sa cuisine. Le père (Denis Podalydès) ne semble plus bon à rien, mais il est installateur de cuisines Mobalpa. Une qualité à laquelle ne restera pas insensible Catherine (Isabelle Carré), charmante mère divorcée d'une chipie[1] qui devient la meilleure amie de Rachel.

Avec sa mise en scène inventive et des comédiens parfaitement choisis, Carine Tardieu mélange les couleurs enfantines d'un univers de maison de poupée et une description pas du tout naïve des liens familiaux ou amoureux. Son regard se révèle particulièrement sensible quand elle raconte les relations entre les femmes, rivales ou complices, et surtout celles des filles face à leurs mères. Mais elle aborde également un sujet plus difficile : la mort. L'enfance de Rachel est traversée par les souvenirs du père, rescapé des camps[2]. Carine Tardieu réussit à en parler, avec légèreté, gravité et délicatesse. Et aussi un humour volontiers vache[3] qui rappelle que la vie sait être cruelle. Comme peuvent l'être parfois les mots d'enfants. À une fille de sa classe devenue orpheline, Rachel dit : « Si je pouvais faire revenir ta mère en tuant la mienne, je le ferais. » Délicieux...

Frédéric Strauss, *Télérama* n° 3267, 22/08/12.

Discussion : 2,5 moyen — Lucas

Je n'avais pas entendu parler de ce film, pas vu une seule image avant de le découvrir au cinéma. Je ne savais donc pas à quoi m'attendre ! *Du vent dans mes mollets* m'a fait passer une petite heure et demie agréable. L'humour marche bien, et il est destiné à tous les âges. Donc j'ai bien rigolé, mais... c'est un film français. Ce n'est pas que je reproche quelque chose au cinéma français en particulier... mais on a souvent l'impression qu'il faut toujours en faire trop, en rajouter une couche[4]. C'est le cas de la fin du film, qui est tellement inutile et niaise[5] avec ses pseudo-effets hollywoodiens qu'elle gâche toute l'intensité de l'histoire. Donc le film est sympa mais la fin nous fait très vite revoir notre jugement. Les acteurs et actrices sont bons (notamment Podalydès, qui m'a surpris pour une fois), sans en faire des tonnes[6]. Les deux fillettes sont amusantes, mais de là à dire qu'elles ont un « réel talent d'actrice », n'exagérons rien. L'histoire est simplette, insipide, pas vraiment surprenante... Le scénario aurait pu être plus approfondi. Le film ne fonctionne donc que par ses « gags » et quelques répliques incisives. Mais ça s'arrête là. Juste drôle, sans plus.

1. **Une chipie :** petite fille capricieuse. 2. **Les camps :** camps de concentration. 3. **Vache :** méchant.
4. **En rajouter une couche :** insister lourdement. 5. **Niaise :** bête. 6. **En faire des tonnes :** exagérer.

a) Relevez les principales critiques concernant les éléments suivants.

	Télérama	Lucas
Mise en scène/Réalisation	*Inventive*..	....
Scénario/ Histoire	....	....
Humour	....	....
Dialogues/Répliques	....	....
Jeu des acteurs		
– Agnès Jaoui	....	....
– Denis Podalydès	....	....
– Isabelle Carré	....	....
– Les fillettes	....	....

S'EXPRIMER

b) Quelle critique est la plus convaincante et pourquoi ? Iriez-vous voir ce film au cinéma ? Échangez.

4 6 — COMPRENDRE • ORAL

a) Écoutez l'enregistrement et répondez aux questions.

1. Racontez l'histoire originale de *Barbe Bleue*, puis la version revisitée par Amélie Nothomb. Qu'est-ce qui change ?

....
....
....
....
....
....
....
....

2. Les avis des critiques sont-ils positifs, négatifs, mitigés ? Sont-ils partagés ou unanimes ?

....
....

3. Relevez les points positifs et négatifs de cette œuvre selon les critiques.

....
....
....
....
....
....

4. Repérez les expressions servant à :

a. donner la parole ....

b. s'opposer à un argument ....

POINT vocabulaire

b) Relevez les expressions équivalentes dans l'extrait.

1. on va traiter de → ....
2. qu'en penses-tu ? → ....
3. c'est nul → ....
4. je ne partage pas votre avis → ....
5. je voudrais finir → ....

5 — COMMUNICATION

Deux amis discutent d'un spectacle/film sur lequel ils n'ont pas le même avis.
Choisissez un spectacle/film commun avec votre voisin(e), préparez chacun vos arguments pour ou contre et jouez la scène.

D6

Outils pour...

› Donner ses impressions

1 GRAMMAIRE

Reconstituez chaque extrait de critique en associant un début et une fin de phrase.

1. Je suis surprise, bouleversée ! C'est inattendu et je me retrouve étonnamment
2. Une exposition à la mise en scène absolument
3. Encore inconnues mais vraisemblablement
4. Resnais et ses comédiens décrivent tendrement
5. Il faut dire que la mise en scène de Denis Podalydès met admirablement

a. délicieuse, pleine de folies et d'idées merveilleuses.
b. le texte en valeur.
c. retournée... Vous m'avez touchée !
d. promises à un bel avenir, les comédiennes interprètent des violoncellistes très extraverties.
e. nos petits arrangements avec la vie.

2 GRAMMAIRE

Complétez ces critiques de spectateurs avec l'adverbe qui convient.

systématiquement – complètement – heureusement – particulièrement – excessivement – contrairement

1. Je n'ai pas .... rigolé, juste un petit sourire de temps en temps.
2. .... à la plupart des critiques, je vous le dis haut et fort : allez voir ce film !
3. Le film est .... idiot mais on passe quand même un bon moment.
4. Tous les traits sont .... grossis mais le film ne vise pas le réalisme.
5. J'ai pour habitude de .... me méfier des grosses productions hollywoodiennes.
6. ...., tout n'est pas à jeter dans ce film : le scénario n'est pas trop mal ficelé.

3 GRAMMAIRE

Remplacez les expressions soulignées par les adverbes de la liste. Faites les modifications nécessaires.

entièrement – pratiquement – régulièrement – absolument – parfaitement – difficilement – relativement – énormément – fréquemment

> Je vais souvent à l'Opéra, j'aime beaucoup les spectacles de danse contemporaine et bien sûr les opéras, des plus classiques aux plus modernes. Comme je prends toujours une place au poulailler[1], c'est assez bon marché. Bien sûr, je ne vois pas très bien la scène, les expressions des artistes ne sont guère visibles, mais je me laisse charmer par la musique et l'ambiance du lieu. Je ne regrette presque jamais mon choix. Et je n'ai pas du tout besoin de lire des critiques pour choisir un spectacle. Je me fie sans réserve au bon goût de mes amis !

1. **Poulailler :** galerie supérieure du théâtre.

....

....

....

....

....

....

4 S'EXPRIMER

Sur une feuille séparée, faites part à un(e) ami(e) de vos impressions sur le dernier film/concert/spectacle ou la dernière pièce/exposition que vous avez vu(e). Utilisez des adverbes de manière.

5 GRAMMAIRE

Complétez avec le subjonctif ou l'indicatif.

1. Je cherche un film qui .... *(permettre)* vraiment de se divertir.
2. On voudrait voir une pièce en français qui .... *(être)* accessible à un public étranger.
3. Je vous conseille de visiter un musée qui ne .... *(être)* pas loin de chez vous, c'est le musée Marmottan.
4. Tu ne connaîtrais pas un lieu où l'on .... *(pouvoir)* à la fois se détendre et se cultiver ?
5. Y a-t-il quelqu'un dans la salle qui .... *(savoir)* bien dessiner ?
6. Je connais un bouquin que ton amie .... *(dévorer)*.

6 GRAMMAIRE

Complétez avec le subjonctif présent ou passé. Faites les accords et les changements nécessaires.

1. C'est l'histoire la plus émouvante que je *(lire)* jamais.
   ....
2. C'est le premier concert baroque qu'elle *(apprécier)* autant.
   ....
3. Voici la seule toile qui *(ne pas être copiée)*.
   ....
4. C'est bien le dernier film que je *(vouloir)* aller voir !
   ....
5. C'est l'expo la plus nulle qu'on *(voir)* depuis longtemps.
   ....
6. C'est l'une des histoires les moins intéressantes que nous *(entendre)*.
   ....

7 GRAMMAIRE

Qualifiez une œuvre (film, roman, tableau...) ou un artiste que vous connaissez avec un superlatif + *qui/que*, en utilisant les indications données.

Exemple : chanteur – engagé → Rachid Taha est l'un des chanteurs francophones les plus engagés que je connaisse.

1. roman – ennuyeux ....
2. acteur – séduisant ....
3. réalisateur – controversé ....
4. artiste – seul ....
5. film – drôle ....
6. toile – impressionnante ....

D7

La vie au quotidien

1 LEXIQUE

Complétez les témoignages à l'aide des mots de la liste. Faites les accords nécessaires.

gaspiller – nature – planète – environnement – plastique – choix – attention – bio – geste – éviter – nécessité – portée – utiliser – protection – réflexe – cosmétique – détruire – écolo – trier

1. « Je me suis intéressée à la .... de la nature en lisant les journaux : de scandales révoltants en nouvelles alarmantes, la .... de faire quelque chose a fini par s'imposer. On .... la Terre au nom du profit et de la consommation... Je connais les marques bio et les .... utiles sur le bout des doigts : ne pas .... l'eau, ... les déchets ou encore ne pas .... les sacs plastiques. J'aime l'idée que ces ...., en plus d'aider la ...., rendent le quotidien plus agréable. C'est un .... de vie, même si je reconnais que les marques bio sont encore chères et donc pas à la .... de tout le monde ; et c'est bien dommage ! » *Natacha*

2. « Je suis concerné par l'.................................. depuis que je suis tout petit. Ma mère était déjà à fond dans les produits ...., ce qui n'était pas courant ! Je me soucie de la .... mais aussi de ma santé. Au-delà des gestes .... classiques, je porte une .... particulière à mon panier de courses. Côté salle de bains, je préfère les produits .... écologiques, le savon plutôt que le gel douche : ça .... les emballages .... ! » *Quentin*

2 COMPRENDRE • ÉCRIT

Testez vos connaissances sur l'environnement.

Quiz écolo

1. Quel est le matériau qui met le plus de temps à se décomposer dans la nature ?
❑ **a.** le plastique
❑ **b.** l'aluminium
❑ **c.** le fer
❑ **d.** le bois

2. En recyclant les bouteilles en plastique, on peut fabriquer :
❑ **a.** de la nourriture pour chiens et chats.
❑ **b.** du chewing-gum.
❑ **c.** des bouteilles en verre.
❑ **d.** des vestes polaires et des oreillers.

3. Une télévision en mode « veille » une journée entière consomme plus que si on la regarde pendant :
❑ **a.** 2 secondes.
❑ **b.** la durée de 2 publicités.
❑ **c.** la durée de 2 films.
❑ **d.** 2 ans.

4. La production annuelle de déchets d'un Français est d'environ :
❑ **a.** 59 kilos.
❑ **b.** 590 kilos.
❑ **c.** 5,9 tonnes.
❑ **d.** 59 tonnes.

5. La règle des « 4 R » pour éviter le gaspillage, c'est : recycler, réparer, réduire et :
❑ **a.** ranger
❑ **b.** réutiliser
❑ **c.** raccommoder
❑ **d.** revendre

6. Le gouvernement français accorde un crédit d'impôt si :
❑ **a.** on tricote ses pulls soi-même.
❑ **b.** on produit moins d'un kilo de déchets par jour.
❑ **c.** on installe des panneaux solaires chez soi.
❑ **d.** on élève des moutons pour tondre sa pelouse.

3 COMPRENDRE • ÉCRIT

Estelle rédige le brouillon de son compte rendu de stage. Complétez les éléments manquants en vous aidant de l'offre de stage à laquelle elle a répondu. Faites les ajouts et transformations nécessaires.

Equiterre

est à la recherche d'un(e)

Stagiaire en animation et commerce équitable

Description des tâches

- Participation à l'organisation de semaines d'éducation et d'information (notamment la Quinzaine du commerce équitable)
- Animation de kiosques et de conférences
- Rencontre avec les comités étudiants militant pour le commerce équitable dans différentes universités
- Mise à jour du répertoire des points de vente de produits équitables

Principales exigences

- français et anglais (espagnol si possible), grande rigueur, capacité à s'exprimer en public

Objectifs

- Comprendre l'importance de la sensibilisation de l'opinion publique
- Acquérir une expérience de terrain
- S'intégrer dans une équipe et intervenir lors des réunions.

Durée maximale de 3 mois. Non rémunéré.

Contact : dhamelin@equiterre.qc.ca

Estelle SILVESTRE

Étudiante en master d'environnement.

Lieu de stage : ....

Durée : ....

COMPTE RENDU DE STAGE

Pendant ce stage, j'ai participé à la vie associative d'Équiterre, un organisme écologiste basé à Montréal, qui développe des projets permettant au citoyen de faire des gestes concrets pour l'environnement et la société. J'.................................. des actions de sensibilisation auprès du grand public et j' .... de terrain.

Par exemple, j'.. pour informer les gens sur le commerce équitable et les inciter à passer à l'action.

De plus, j'..., comme la Quinzaine du commerce équitable et j'ai pu constater que ce type d'événement encourageait de plus en plus de consommateurs à acheter des produits comme le sucre, le cacao, le café et le thé.

Je me suis également rendue dans des universités où j'.. ....

Enfin, j'..., et j'ai remarqué que les commerces concernés étaient beaucoup plus nombreux là-bas qu'en France.

Le stage m'a donné l'occasion de .... dans une équipe sympathique et dynamique et j'.. des réunions de travail, où la contribution de chacun a été valorisée.

J'ai trouvé cette expérience très profitable mais j'ai regretté que .... Je .... d'envisager des stages d'au moins 6 mois pour les futurs étudiants, afin de leur permettre d'approfondir leurs connaissances et leurs recherches.

4 S'EXPRIMER

Vous avez fait un stage dans l'une des ONG/associations écologistes suivantes. Rédigez le compte rendu sur une feuille séparée : annoncez les objectifs du stage et vos motivations, dites ce que vous avez appris en donnant des exemples précis, donnez votre opinion, faites une proposition.

WWF-France
- Protection des espèces menacées
- Gestion durable des forêts
- Protection des eaux douces, océans et côtes

Sortir du nucléaire
- **Maîtrise de l'énergie**
- **Développement d'autres moyens de production électrique (énergies renouvelables)**

Intelligence verte
- Promotion de l'agriculture biologique
- Réhabilitation de variétés agricoles anciennes (tournesol géant, potimarron, etc.)

Vivre en ville autrement
- Défense des piétons, cyclistes urbains, randonneurs pédestres et cyclotouristes
- Incitation à réduire l'usage de l'automobile en ville

5 COMPRENDRE • ÉCRIT

Vous faites le tri sélectif de vos ordures ménagères. Mettez-les dans les poubelles adaptées.

~~brochures~~, ~~bouteilles en verre~~, ~~branches~~, journaux, mouchoirs en papier, pots de yaourt, boîtes de conserve, ~~ampoules électriques~~, épluchures de légumes, tonte de gazon, couches-culottes, ~~bouteilles en plastique~~, magazines, sacs de supermarché, bombes déodorantes, objets en porcelaine, canettes de soda, feuilles mortes, miroirs et vitres cassés, flacons de shampoing, pots de confiture, annuaires téléphoniques, boîtes de céréales

1. MÉTAL PLASTIQUE CARTON — *bouteilles en plastique,* ....

2. VERRE — *bouteilles en verre,* ....

3. PAPIER — *brochures,* ....

4. DÉCHETS ORGANIQUES — *branches,* ....

5. DÉCHETS NON RECYCLABLES — *ampoules électriques,* ....

Outils pour…

› Parler de l'avenir

1 GRAMMAIRE

Complétez avec les formes d'expression du futur : futur proche, simple et antérieur, conditionnel présent.

« Au fait, c'est vrai ? Tu .... *(partir)* en mission au Congo pour sauver les gorilles ?

– Oui, je .... *(avoir)* le visa la semaine prochaine et je .... *(rejoindre)* l'équipe à Kinshasa pour un court stage en juin. Et après, ce .... *(être)* le départ pour la forêt primaire !

– Tu .... *(partir)* pour longtemps ?

– J'ai un contrat d'un an. Ensuite, je .... *(revenir)* en France.

– Et tu peux prolonger ?

– Tu sais, quand je .... *(passer)* douze mois là-bas, je .... *(avoir)* sûrement envie de faire une pause. On m'a prévenu que ce .... *(être)* dur !

– Alors, bonne chance ! Est-ce qu'on .... *(se voir)* avant ton départ ?

– Difficile, je .... *(être)* très occupé ! »

2 GRAMMAIRE

Sur une feuille séparée, construisez des phrases à partir des éléments donnés. Marquez qu'une action future s'est passée avant l'autre en utilisant futur simple et futur antérieur. Variez les personnes.

Exemple : s'acheter une voiture – commercialiser un véhicule « propre » et abordable
*→ Je m'**achèterai** une voiture quand on **aura commercialisé** un véhicule « propre » et abordable.*

1. développer les énergies renouvelables – améliorer le fonctionnement des éoliennes
2. accepter de manger moins de viande – y avoir moins d'émission de gaz à effet de serre
3. avoir des activités moins polluantes – trouver un moyen de mieux exploiter l'énergie solaire
4. connaître un accident nucléaire – se rendre compte du danger des centrales

3 COMMUNICATION

Lisez ces phrases et dites ce qu'elles expriment en remplissant le tableau.

1. Tu pourrais quand même faire un effort pour trier tes ordures !
2. Je voudrais que tout le monde prenne conscience de la nécessité de faire quelque chose pour sauver la planète.
3. On aurait dû développer les énergies renouvelables depuis longtemps.
4. Des miroirs en orbite pour dévier une partie du rayonnement solaire permettraient de contrer le réchauffement climatique.
5. Selon le ministère de l'Écologie, la pollution dans les grandes villes françaises aurait diminué de 10 à 20 % en 6 ans.
6. Dans ma ville idéale, on circulerait à vélo ou en transports en commun non polluants, il y aurait beaucoup d'arbres et d'espaces verts, et on respirerait un air sain.
7. Ce scientifique a annoncé que la température de la Terre augmenterait de 5,8 °C d'ici à 2100.

Souhait	Parole rapportée	Reproche	Regret	Situation imaginaire	Information non confirmée
......	......	......	......	......	......

4 GRAMMAIRE

Complétez en conjuguant les verbes entre parenthèses au conditionnel présent ou passé.

1. Les pouvoirs publics .... *(devoir)* mettre depuis longtemps la protection de la nature au centre de leurs préoccupations.
2. Je suis parti sans faire attention, je .... *(devoir)* éteindre la lumière du salon.
3. On .... *(pouvoir)* sanctionner les entreprises qui ne se soucient pas de l'environnement.
4. D'après le magazine *Que choisir*, il y .... *(avoir)* un risque à consommer ces poissons.

› Faire des hypothèses

5 GRAMMAIRE

Reconstituez ces déclarations.

1. Si j'en avais les moyens,
2. Si les transports en commun avaient été plus développés dans ma région,
3. Si je savais comment les choisir,
4. Si j'avais été mieux informé,
5. Si la ville organisait le tri sélectif en distribuant des poubelles adaptées,

a. j'achèterais des produits de beauté fabriqués avec des substances naturelles.
b. je n'aurais pas acheté de voiture.
c. j'aurais choisi des matériaux non polluants pour la construction de notre maison.
d. je n'achèterais que des produits bio.
e. ce serait plus facile d'appliquer ces gestes du quotidien.

6 GRAMMAIRE

Exprimez une hypothèse probable (sur le présent ou le futur) ou irréelle (sur le présent ou le passé).

1. Si les gens étaient plus responsables, ...
2. Si tous les pays riches limitaient leurs émissions de gaz à effet de serre, ...

   ....
3. Si on s'était mobilisé il y a vingt ans, ...
4. Si on ne chassait plus les éléphants et les gorilles, ...
5. ...., je contribue au développement des pays pauvres sans enrichir les intermédiaires.
6. ...., la mer ne serait plus une poubelle.

7 S'EXPRIMER

Sur une feuille séparée, commentez ces photos en formulant des hypothèses.

1.

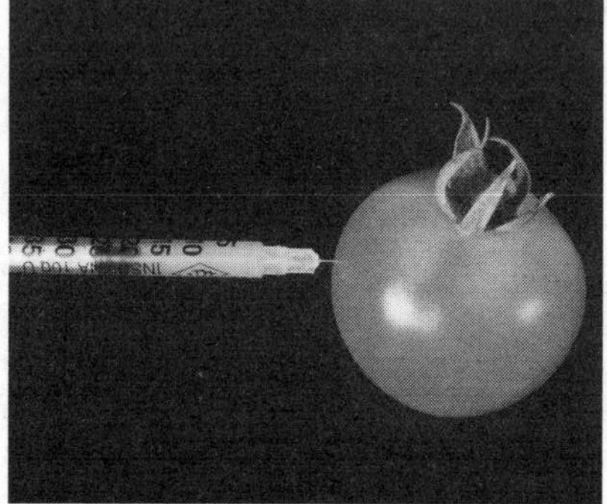
2.

3.

D7

Points de vue sur...

1 COMPRENDRE • ÉCRIT

a) Lisez ces extraits et mettez-les dans l'ordre pour reconstituer le texte d'origine.

Arctique, l'innocence en danger

a. En consommant des espèces marines ayant assimilé des substances toxiques, les espèces continentales comme l'ours blanc ou le renard polaire seraient en danger de mort. Les conséquences humaines seraient également insupportables ! Quatre millions de personnes dépendent au quotidien de l'écosystème de l'Arctique.

b. Nous devons obtenir des instances internationales la protection de l'Arctique. Ce que nous avons réussi en 1991 avec le traité de Madrid qui a déclaré l'Antarctique réserve naturelle mondiale, nous pouvons le réussir pour l'Arctique.

c. Mais, comme si de rien n'était, près de 40 compagnies sont sur la ligne de départ pour explorer le sous-sol de l'Arctique.

d. Pourtant, il ne faut absolument pas aller creuser en Arctique, même si la région est supposée renfermer environ 30 % des réserves de gaz et 13 % des réserves de pétrole non découvertes dans le monde. Températures glaciales, épaisse couche de glace, mauvaise visibilité, isolement géographique : une marée noire serait totalement incontrôlable et les conséquences sur l'écosystème effroyables.

e. La mise en danger de ce régulateur aurait des conséquences catastrophiques. Ce signal d'alarme devrait inciter les gouvernements à réagir d'urgence. Mais la plupart n'y voient que l'opportunité de découvrir des gisements de pétrole et de gaz dans des zones qui étaient inaccessibles avant la fonte.

f. L'Arctique est l'un des derniers espaces préservés de notre planète. Avec sa biodiversité exceptionnelle, il joue un rôle essentiel dans l'équilibre climatique mondial. Et pourtant, cet écosystème unique est en voie de disparition !

g. Et si vous aussi, vous êtes révolté par le sacrifice de l'Arctique pour seulement quelques gouttes de pétrole en plus, rejoignez les Défenseurs de l'Arctique ! Cette terre exceptionnelle doit rester à tous et n'appartenir à personne.

h. En 30 ans, la banquise a diminué de 30 %. D'ici à 2030, elle pourrait totalement disparaître en été. L'augmentation des températures y est plus forte qu'ailleurs. Elle provoque un recul considérable du manteau de glace, qui agit comme un système de climatisation modérant les températures sur tout le globe.

D'après *La Bannière*, magazine de l'ONG Greenpeace.

1	2	3	4	5	6	7	8
......	......	......	......	......	......	......	......

b) Vrai ou faux ? Répondez aux questions et justifiez votre réponse.

1. L'Arctique et l'Antarctique sont des zones naturelles protégées.

....

2. La disparition de la banquise va accélérer le dérèglement climatique.

....

3. La région est riche en gaz et en pétrole. ....
4. L'exploration du sous-sol de l'Arctique a déjà commencé. ....
5. Si l'Arctique est pollué par le pétrole, cela est moins grave qu'ailleurs.

....

2 S'EXPRIMER

Que pensez-vous de ces prédictions pour 2100 ? D'après vous, est-ce probable, peu probable, possible, impossible ? Justifiez votre réponse.

Exemple : En 2100, le trou dans la couche d'ozone aura diminué.
→ C'est probable, parce qu'on n'utilisera plus de gaz interdits.

En 2100...

1. Tous les glaciers auront fondu.

....

2. Il n'y aura plus de grands mammifères.

....

3. Des régions et des pays entiers auront disparu sous les eaux.

....

4. On mettra des masques à gaz pour sortir.

....

5. On n'utilisera plus que des véhicules électriques.

....

6. Rien n'aura changé par rapport à maintenant.

....

3 S'EXPRIMER

Lisez ce document et répondez aux questions sur une feuille séparée.

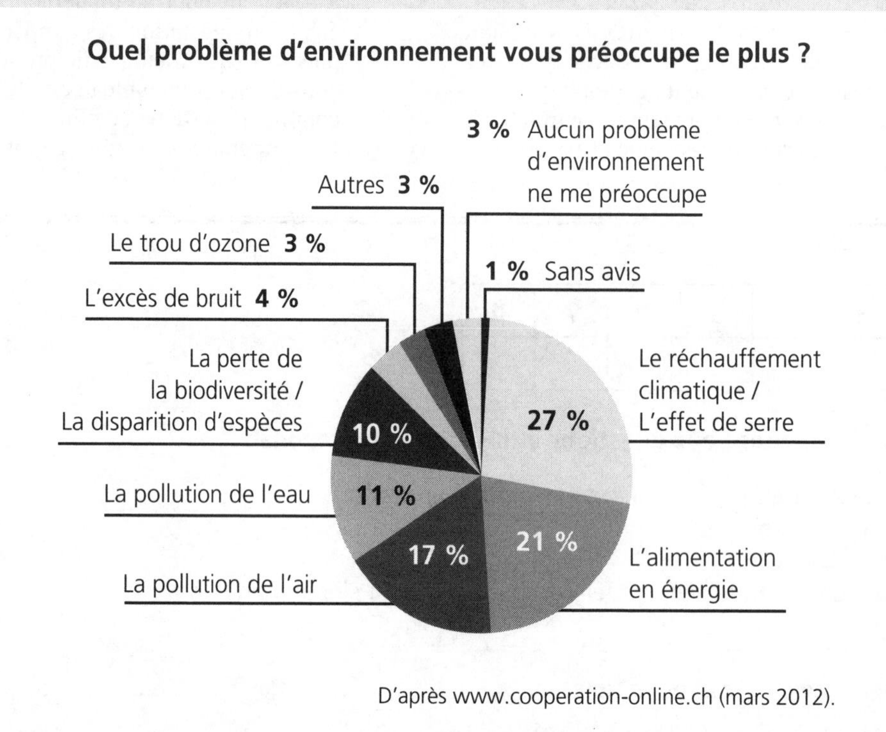

D'après www.cooperation-online.ch (mars 2012).

1. Êtes-vous d'accord avec ce classement ? Donnez votre opinion sur ces problèmes.
2. D'après vous, y a-t-il d'autres problèmes qui devraient figurer dans ce classement ? Si oui, lesquels ?

4 7 **COMPRENDRE • ORAL**

a) Écoutez cet extrait et répondez aux questions.

1. L'invitée de l'émission est : ❑ **a.** une agricultrice. ❑ **b.** une journaliste. ❑ **c.** une scientifique.
2. Cette interview présente : ❑ **a.** de nouvelles pratiques agricoles.
❑ **b.** de nouvelles plantes pour lutter contre les maladies.
❑ **c.** un nouveau modèle agroalimentaire.
3. Qu'est-ce que l'agroécologie ? Quelles en sont les conséquences ? ....
....
4. Quels sont les problèmes du modèle actuel ? ....
....
5. Complétez : Il faut trouver un système qui ...., tout en ....

b) Relevez les expressions équivalentes dans l'extrait.

POINT vocabulaire

1. agriculture sans pesticides ni engrais chimiques → ....
2. variété d'espèces de plantes, de cultures → ....
3. terre → ....
4. énergies fossiles → ....
5. pollution de l'eau → ....

5 **COMPRENDRE**

Regardez les affiches réalisées par l'association CoLLecT-IF[1] et GHB[2] puis répondez aux questions.

1. **CoLLecT-IF** (www.collect-if.org) a initié en France continentale la suppression des sacs plastiques en supermarché. (contact@collect-if.org)
2. **GHB :** communauté d'agglomération du Pays d'Aubagne et de l'Étoile (13).

1. Que voyez-vous sur ces affiches ? Décrivez-les.
2. Quel est le lien entre les deux affiches ?
3. Repérez le jeu de mots du slogan commun aux deux affiches.
4. Quel est le message de cette campagne d'affichage ? Quel sentiment véhicule chaque affiche ?

Outils pour...

› Interdire et préserver

1 LEXIQUE

Formulez l'interdiction faite par chaque panneau et dites où on pourrait trouver le panneau.

1.

3.

5.

7.

9.

2.

4.

6.

8.

10.

1. ....
2. ....
3. ....
4. ....
5. ....
6. ....
7. ....
8. ....
9. ....
10. ....

2 COMMUNICATION

Que dites-vous à ces personnes dans ces situations ? Écrivez sur une feuille séparée.

1.

3.

2.

4.

› Substituer avec les pronoms *y* et *en*

3 GRAMMAIRE

Trouvez ce que remplacent *y* et *en*. (Plusieurs réponses sont possibles.)

Exemple : On en parle en utilisant l'expression « développement durable ». → On parle d'écologie.

1. Si on ne s'en occupe pas, elles meurent. → ....
2. On s' y intéresse au moment des élections. → ....
3. Il faut y réfléchir longtemps avant de dire *oui*. → ....
4. On en a besoin pour pouvoir supporter la canicule. → ....
5. On y pense quand on écoute les prévisions des scientifiques. → ....
6. Si on ne fait rien, les pays du Sud en manqueront de plus en plus. → ....

4 GRAMMAIRE

Sur une feuille séparée, dites comment vous ressentez les problèmes évoqués en utilisant *y* ou *en*.

Exemple : Les grandes villes sont de plus en plus polluées.
*→ Je m'**en** rends compte tous les jours car j'ai de plus en plus de mal à respirer.*

1. Les chercheurs affirment que, dans 30 ans, nous ne pourrons plus consommer les poissons de nos rivières.
2. De nombreux touristes rapportent de voyage des animaux qui sont des espèces protégées.
3. Lorsque nous mangeons des fruits et légumes, même lavés, nous absorbons une grande quantité de pesticides.
4. C'est pour ne pas mettre à mal l'industrie automobile que les pouvoirs publics ne soutiennent qu'à moitié les recherches sur les énergies nouvelles.

5 GRAMMAIRE

Conjuguez les verbes entre parenthèses et employez le pronom qui convient : *en*, *y* ou pronom tonique. Faites les transformations nécessaires.

Exemple : Il y a des rejets fréquents de produits chimiques, mais les médias (ne pas parler) beaucoup.
*→ Il y a des rejets fréquents de produits chimiques, mais les médias n'**en** parlent pas beaucoup.*

1. On doit protéger les espèces animales comme le tigre de Sumatra. Les autorités .... *(s'engager)*.
2. Tu vois ces statues d'hippocampe ? On .... *(installer)* beaucoup en mer du Nord pour éviter la surpêche. Si les bateaux .... *(pénétrer)*, la vie marine aura du mal à se régénérer.
3. Il existe d'autres manières de produire de l'électricité. Nous .... *(être)* conscients.
4. Les agriculteurs commencent à comprendre les problèmes posés par les OGM. Ils .... *(être)* de plus en plus sensibles.
5. Vous me demandez si je crois qu'on va arriver à sortir du nucléaire ? Bien sûr que je .... *(croire)* !
6. Si on n'achète pas de produits bio, ce n'est pas parce qu'on ne veut pas .... *(consommer)*.
7. Il y a de moins en moins d'abeilles. On .... *(se rendre compte)* en comparant avec le nombre de guêpes.
8. – Tu es allé à la déchetterie ? – Je .... *(revenir)* tout juste !
9. Il y en a marre de cette pollution ! On .... *(subir)* les conséquences sur notre santé.
10. En s'engageant dans cette ONG, il se bat pour ses enfants et ses petits-enfants. Il .... *(penser)*.

D8 La vie au quotidien

1 LEXIQUE

Complétez ce témoignage à l'aide des mots suivants. Faites les modifications nécessaires.

déclarer le vol – coupable – porter plainte – être victime d'un vol – rapporter les faits – commissariat de police

« La semaine dernière, j'ai .... : ça s'est passé dans le métro et ce n'est qu'une fois arrivé chez moi que je me suis rendu compte que mon portable avait disparu. Je suis allé au .... pour .... et ....
On m'a demandé de .... mais ça m'étonnerait que l'on retrouve le .... et mon portable ! »

2 LEXIQUE

Complétez la grille de mots croisés.

Horizontalement

1. Personne soupçonnée d'un crime ou d'un délit.
2. Juridiction criminelle chargée de juger des personnes accusées d'avoir commis un crime.
3. Mesure qui permet à un officier de police judiciaire de retenir une personne dans le cadre d'une enquête.
4. Exposé oral fait par l'accusation qui dresse la liste des délits ou des crimes commis par un individu.
5. Personne qui dit ce qu'elle a vu, entendu ou perçu afin d'aider à établir la vérité.
6. Lieu où l'on rend la justice.

Verticalement

a. Décision de justice énoncée par un tribunal.
b. Grave infraction punie par la loi et jugée devant la cour d'assises.
c. Personne dont la profession est de conseiller et de défendre ses clients en justice.
d. Déclaration par laquelle la cour rend son jugement.
e. Sanctionner une personne pour une infraction.
f. Type de condamnation qui sert à éviter l'exécution d'une peine.
g. Établissement dans lequel sont détenues les personnes jugées et condamnées à des peines fermes.

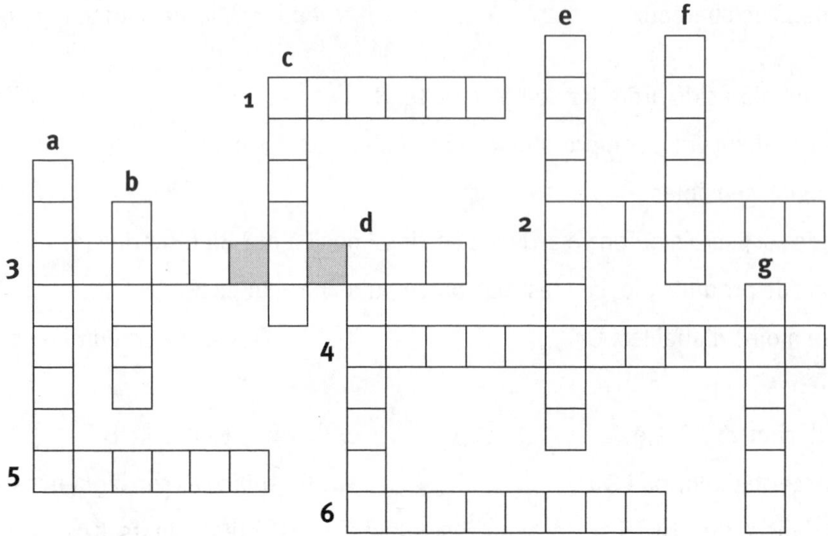

3 COMPRENDRE • ÉCRIT

Vrai ou faux ? Lisez cet article, répondez et justifiez en citant le texte.

Entré dans la magistrature en 2005, Thomas Meindl occupe la fonction de juge d'instruction depuis septembre 2007.

◆ La naissance d'une vocation

Issu d'une formation universitaire de droit public, enseignant à l'université et collaborateur d'expert judiciaire, Thomas Meindl a choisi d'intégrer la magistrature parce que cette profession allie *« la recherche juridique avec son application pratique »*. Il choisit en 2007 de devenir juge d'instruction. La première mission de ce magistrat est d'établir la manifestation de la vérité en vérifiant si les faits dont il est saisi constituent une infraction pénale et en recueillant des éléments sur la personnalité des personnes impliquées. Cet *« aspect de la mission la rend humainement passionnante »*. *« C'est le mélange permanent de ces facettes, mêlant enquête, droit et humanité qui rend la fonction attrayante et qui a motivé mon choix. »*

◆ Une journée type

Au cours d'une même journée, Thomas Meindl oriente les investigations, conduit des interrogatoires, rédige des actes juridiques, suit des gardes à vue, prépare les interrogatoires suivants... Tout cela sur des dossiers différents, en ayant à l'esprit sa fonction constitutionnelle de garant de la liberté individuelle des personnes concernées par la procédure.

◆ Les principaux partenaires au quotidien

Le juge d'instruction recherche la vérité en recueillant des éléments à charge et à décharge auprès des enquêteurs (policiers, gendarmes, douaniers...), des différents experts (en génétique, en balistique...), ou encore des parties et de leurs avocats (défense, partie civile). Il est donc en relation régulière, voire quotidienne, avec les acteurs de la chaîne pénale, y compris le parquet. Il s'agit d'une fonction particulièrement vivante et inscrite dans l'actualité.

◆ Satisfactions et objectifs pour l'avenir

« La fonction de juge d'instruction est exigeante mais elle permet d'aller au fond des choses, de s'approcher de la vérité. » En effet, l'objectif du juge d'instruction est de réunir tous les éléments permettant au tribunal correctionnel ou à la cour d'assises de juger, le cas échéant de condamner, « justement » un homme. *« S'approcher de cet objectif me procure une grande satisfaction professionnelle. »*

www.metiers.justice.gouv.fr, 11/10/2011

	Vrai	Faux
1. Avant d'être juge d'instruction, Thomas Meindl a exercé deux autres professions.	❑	❑
2. Il a choisi de devenir juge d'instruction pour permettre à la vérité d'éclater.	❑	❑
3. Son travail est un mélange d'investigation, d'aspects juridiques et humains.	❑	❑
4. L'aspect le moins intéressant pour lui est de gérer tout ce qui relève de l'humain.	❑	❑
5. Au quotidien, il est essentiellement sur le terrain et ne réalise pas de tâche administrative.	❑	❑
6. Le plus souvent, il travaille en collaboration avec d'autres travailleurs du monde judiciaire.	❑	❑
7. Selon Thomas Meindl, c'est un travail facile qui ne demande pas beaucoup d'efforts et qui reste donc superficiel.	❑	❑
8. Sa principale source de satisfaction est d'aider la justice à être plus équitable.	❑	❑

4 COMPRENDRE • ÉCRIT

Retrouvez les trois titres d'articles en associant les bouts de phrases.

faire confiance | des citoyens à la justice | Peut-on | était déjà | Manifestation | pour un meilleur accès | Le suspect | à la justice ? | en prison

1. ....

2. ....

3. ....

5 COMPRENDRE • ÉCRIT

Reconstituez cette lettre de contestation en mettant les phrases dans l'ordre.

...... **a.** Je conteste formellement cette contravention et j'ajouterai qu'en tant que citoyenne je suis profondément choquée par ce procédé.

...... **b.** Veuillez agréer, monsieur le préfet de police, mes salutations distinguées.

...... **c.** Je me permets de faire appel à vous afin de demander une révision de procès-verbal.

...... **d.** J'ai reçu un procès-verbal de 11 euros pour le non-paiement sur un stationnement payant, alors qu'il était matériellement impossible de m'acquitter de cette somme.

...... **e.** Je sollicite donc votre bienveillance pour prendre ma demande en considération et espère une réponse favorable de votre part.

...... **f.** Monsieur le préfet de police,

...... **g.** J'ai aussitôt signalé le dysfonctionnement de la machine à l'agent communal qui m'avait verbalisé, mais celui-ci n'a rien voulu entendre.

...... **h.** En effet, le 20 décembre, j'ai garé mon véhicule devant le numéro 7 de la rue Lecourbe (Paris 15e). L'horodateur étant en panne, je n'ai pas pu acheter de ticket de stationnement. Une demi-heure plus tard, j'ai retrouvé une contravention sur le pare-brise de mon véhicule. L'agent communal était toujours là, deux voitures plus loin que la mienne.

6 S'EXPRIMER

Vous venez d'acheter un pass pour le tramway de votre ville, mais vous n'avez pas encore pris le temps d'y coller votre photo. Vous devez absolument prendre les transports publics pour un examen et vous montez dans le tram. Un contrôleur vous signale que la photo est obligatoire et vous met une amende de 50 euros, à payer immédiatement.
Rédigez une lettre adressée au directeur de la compagnie de transport dans laquelle vous contestez cette mesure en expliquant votre cas.

Outils pour...

› Exprimer des doutes et des certitudes

1 GRAMMAIRE

Mettez les verbes entre parenthèses au mode qui convient : indicatif ou subjonctif.

1. Il n'est pas certain que la justice .... *(faire)* toujours bien son travail.
2. Je doute que le pouvoir judiciaire .... *(être)* réellement neutre.
3. Beaucoup de jurés estiment qu'ils .... *(ne pas avoir)* la capacité de juger si une personne mise en examen est coupable ou innocente.
4. Nous sommes convaincus que les juges d'instruction .... *(avoir)* un rôle très utile.
5. Croyez-vous vraiment qu'il .... *(falloir)* punir sévèrement les très jeunes délinquants ?
6. J'imagine qu'il y .... *(avoir)* d'autres solutions que la détention pour les délinquants mineurs.

2 S'EXPRIMER

Sur une feuille séparée, écrivez plusieurs phrases pour exprimer votre opinion sur chaque sujet évoqué dans ces titres de journaux. Utilisez des expressions de doute et de certitude.

1. Controverse autour de l'ouverture des magasins le dimanche
2. Faut-il interdire le téléphone portable à l'école ?
3. Polémique sur les réseaux sociaux comme Facebook ou Twitter et le respect de la vie privée
4. Interrogatoire de témoins sur Internet grâce à une liaison en vidéoconférence

› Utiliser des outils de substitution

3 LEXIQUE

Lisez ces expressions utilisant les pronoms. Associez chaque expression à sa signification.

1. Dis donc, tu te la coules douce !
2. Ne t'en fais pas !
3. Il se la joue un peu trop !
4. Allez, il faut s'y mettre.
5. On ne peut pas s'en passer.
6. Je n'en peux plus.

a. Ne te fais pas de souci.
b. Il est bien trop sûr de lui
c. Je ne supporte plus cette situation.
d. Tu ne te fatigues pas beaucoup.
e. Impossible de se priver de cela.
f. Il est nécessaire de commencer ce travail.

4 GRAMMAIRE

Répondez en remplaçant les mots ou expressions soulignés par les pronoms correspondants.

1. – Le meurtrier a-t-il remis <u>l'arme du crime</u> <u>à l'enquêteur</u> ? – Oui, ...
2. – L'accusé a-t-il avoué <u>aux policiers</u> <u>qu'il était coupable</u> ? – Non, ...
3. – Le suspect a-t-il donné <u>un alibi valable</u> <u>au juge d'instruction</u> ? – Non, ...
4. – Le témoin a-t-il pu fournir <u>des preuves</u> <u>aux jurés</u> ? – Oui, ...
5. – Les policiers ne passent pas <u>les menottes</u> <u>à cette voleuse</u> ? – Non, ...
6. – Vous devez <u>nous</u> dire <u>toute la vérité</u> ! – D'accord, je ....

5 GRAMMAIRE

Sur une feuille séparée, remettez ces phrases dans l'ordre. Puis écrivez la phrase complète avec les propositions de compléments.

*Exemple : **a.** le – lui – a – voler. – pickpocket – à – Le – réussi* *(**b.** son portefeuille – à une personne âgée.)*
→ Le pickpocket a réussi à le lui voler.
Le pickpocket a réussi à voler son portefeuille à une personne âgée.

1. **a.** avocat – la – leur – présenté – le – a – L' – défense – de **b.** le dossier – aux jurés
2. **a.** conduite. – y – policiers – Les – ont – l' **b.** l'accusée – au commissariat de police
3. **a.** lui – n' – dire. – L' – pas – a – voulu – accusé – le **b.** le nom de son complice – à l'inspecteur
4. **a.** experts – ont – en – conclusions. – Les – lui – communiqué – les **b.** les conclusions du rapport d'analyse – au procureur

6 GRAMMAIRE

Transformez ces phrases affirmatives en phrases impératives, en remplaçant les noms par des pronoms.

*Exemple : Vous nous décrivez l'agresseur. → Décrivez-**le nous** !*

1. Vous emmenez ces malfaiteurs au commissariat. → ....
2. Tu me montres les pièces à conviction. → ....
3. Nous accordons l'amnistie au condamné. → ....
4. Vous dites aux jurés qu'ils doivent rendre leur verdict. → ....
5. Tu lui parles de cette affaire. → ....

7 GRAMMAIRE

Complétez cet interrogatoire en utilisant les verbes et les pronoms appropriés.

– Maintenant, je vais vous poser quelques questions.
– Je .... écoute.
– Aviez-vous parlé à la victime de vos problèmes d'argent ?
– Oui, je ....
– Vous avait-elle prêté de l'argent ?
– Non, elle ....
– Est-ce qu'elle s'est rendu compte tout de suite de la disparition des bijoux ?
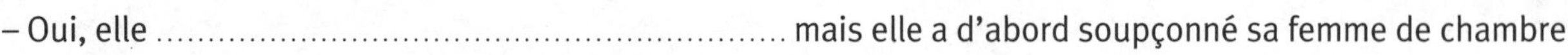
– Oui, elle .... mais elle a d'abord soupçonné sa femme de chambre.
– Pourquoi la femme de chambre ?
– Parce qu'elle .... avait confiés. Et elle seule connaissait la combinaison du coffre.
– Et puis, elle a commencé à penser que c'était vous. Pourquoi ?
– Elle a appris que j'avais eu une liaison avec la femme de chambre. Alors, c'était facile d'imaginer que la combinaison, elle .... avait donnée.
– Et finalement, vous avez dit à la victime que c'était vous ?
– Non, je ...., car elle .... savait.

Points de vue sur...

1 8 COMPRENDRE • ORAL

a) Écoutez cet extrait et répondez aux questions.

1. Qu'est-ce qu'on trouve au numéro 12 de la rue Edith Wharton ?

....

2. Combien de personnes sont interviewées dans cet extrait ?

....

b) Vrai ou faux ? Réécoutez l'extrait et répondez.

	Vrai	Faux
1. Les jeunes qui séjournent dans ce centre ont été placés par la justice.	❑	❑
2. Ce centre ressemble beaucoup à une prison classique.	❑	❑
3. Les jeunes sont surveillés par des gardes.	❑	❑
4. Les jeunes travaillent avec des éducateurs.	❑	❑
5. Le centre accueille actuellement dix jeunes.	❑	❑
6. 60 % des jeunes ne commettent pas de délit dans l'année qui suit leur sortie d'un centre.	❑	❑

POINT vocabulaire

c) Relevez les expressions équivalentes dans l'extrait.

1. ce bâtiment → ....
2. des jeunes qui ont commis plusieurs délits répétés → ....
3. une autre solution → ....
4. une prison → ....
5. une personne qui vit dans un établissement éducatif → ....

2 LEXIQUE

Trouvez les mots illustrés par ces rébus.

1. 

....

4. 

....

2. 

....

5. 

....

3. 

....

6. 

....

3 COMPRENDRE • ÉCRIT

a) Lisez cet article et répondez aux questions.

Pour ou contre la prison pour les jeunes délinquants[1] ?

Pierre Méhaignerie, ministre de la Justice de 1993 à 1995

De plus en plus de majeurs poussent des jeunes mineurs à des actes de délinquance graves qui vont de la violence vis-à-vis d'autrui à la vente de drogue. Dans ma ville de Vitré (Ille-et-Vilaine), des voitures sont régulièrement cassées. Cela se termine par un bras d'honneur[2] aux forces de police : « On n'a pas 18 ans, vous ne pouvez rien contre nous. » La population a le sentiment d'un État impuissant. Cette situation ne peut plus durer. Mais la prison n'est pas la meilleure solution pour les mineurs délinquants. Elle doit être le dernier des derniers recours, une sorte d'épée de Damoclès[3]. À condition que ces mineurs ne soient pas mis avec des adultes. Autrement, c'est l'assurance de les voir devenir plus violents. Ils doivent, cependant, pouvoir être déplacés pour éviter qu'ils deviennent des caïds[4] dans leur quartier. Pour ces jeunes sans repères, il faut des structures, de type un peu militaire, qui leur apprennent le travail et la discipline, comme les maisons familiales rurales qui accueillent quatre jeunes, pas plus, encadrés par des pédagogues, ou les internats[5]. Tout dépend des modalités d'éducation retenues. Ça pourrait aussi bien être l'armée. La Protection judiciaire de la jeunesse ne peut remplir seule ces missions, qui impliquent une sévérité absolue.

D'après Denis Demonpion, *Le Point*.

1. **Délinquants :** personnes qui commettent des délits répétés. 2. **Bras d'honneur :** geste insultant.
3. **Épée de Damoclès :** danger qui peut s'abattre sur quelqu'un d'un moment à l'autre.
4. **Caïds :** chefs d'une bande. 5. **Internats :** établissements où les élèves sont logés et nourris.

1. De quels problèmes parle-t-on dans cet article ?

....

....

2. Cet ancien ministre de la Justice est-il plutôt favorable ou défavorable à la prison pour ces jeunes ?

....

3. Quelles sont les alternatives proposées ?

....

....

4. D'après l'article, quel rôle les pédagogues peuvent-ils jouer ?

....

....

S'EXPRIMER

a) Décrivez ces dessins sur une feuille séparée. Que symbolisent-ils ?

b) Êtes-vous d'accord avec ces représentations ? Expliquez votre point de vue.

1.

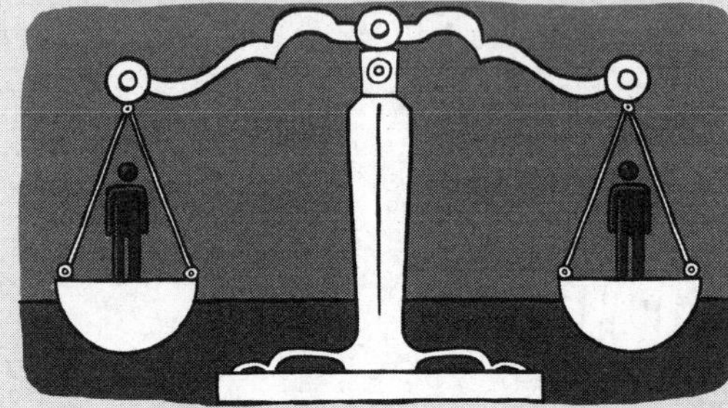

2.

Outils pour…

› Situer des événements dans un récit au passé

1 COMPRENDRE • ÉCRIT

Reconstituez ce fait divers en tenant compte des marqueurs temporels.

...... **a.** Le lendemain, il lui avait adressé un deuxième courrier, puis un troisième.

...... **b.** Un mois plus tard, n'ayant toujours pas de réponse, il avait abandonné son emploi.

...... **c.** La jeune femme lui avait alors demandé de cesser cette correspondance compulsive et de reprendre le travail. Il avait répondu par une avalanche de poèmes, accompagnés de fleurs.

...... **d.** Le jeune homme avait rencontré sa consœur au palais de justice cinq mois auparavant.

...... **e.** Finalement, l'ancien avocat a été condamné à 9 mois de prison avec sursis et a donc pu échapper à la prison ferme.

...... **f.** À ce moment-là, il était tombé follement amoureux d'elle et lui avait écrit une déclaration passionnée. La jeune femme n'avait pas répondu.

...... **g.** Une jeune avocate a porté plainte pour harcèlement épistolaire de la part d'un de ses collègues. Elle a reçu 800 courriers enflammés en quelques mois.

...... **h.** Les jours suivants, il avait continué au rythme de 5 lettres par jour, sans obtenir aucune réponse.

...... **i.** Dans les mois qui avaient suivi, il s'était progressivement clochardisé et avait fini par vivre dans sa voiture.

D'après *Le Monde*.

2 LEXIQUE

Lisez cette chronologie de l'affaire Seznec et entourez l'expression de temps appropriée.

Le 25 mai 1923, Guillaume Seznec et Pierre Quemeneur, deux industriels bretons, partent de Rennes en Cadillac pour Paris. Quemeneur a rendez-vous **demain / le lendemain / un jour après** avec un homme d'affaires américain, pour négocier un contrat de vente de Cadillac. Seznec est arrivé de Morlaix **la veille au soir / le soir d'avant / hier soir,** après un voyage éprouvant en voiture, pour y retrouver son ami et associé. Mais les deux hommes, suite à de multiples pannes, décident de se séparer en chemin : Quemeneur veut finir le voyage en train, et Seznec va rentrer à Morlaix pour y faire réparer la Cadillac. **Ce soir / Le soir / Ce soir-là,** Quemeneur se dirige en direction de la gare et disparaît à jamais : on ne le reverra plus, ni vivant, ni mort.

Le 1er juillet, Seznec est arrêté et inculpé de l'assassinat de Quemeneur. **Cinq mois plus tard / Dans cinq mois / Après cinq mois,** il est condamné aux travaux forcés à perpétuité et, le 7 avril 1927, il quitte la France pour le bagne de Guyane. Il ne cesse de clamer son innocence. Seznec est gracié par le général de Gaulle en 1946 et, **l'année après / l'année suivante / l'année prochaine,** il retourne en France où il est accueilli en héros. **Treize ans plus tôt / Il y a treize ans / Treize ans avant,** il avait pourtant refusé la grâce qu'on lui proposait en déclarant : *« Il n'y a que les coupables qui demandent pardon. »* Le 14 novembre 1953, Seznec est renversé par une camionnette dont le conducteur prend la fuite. Il décède de ses blessures **dans trois mois / trois mois plus tard / après trois mois.**

Depuis ce temps / Depuis ce temps-là, les membres de la famille Seznec ont multiplié les demandes de révision du procès pour obtenir la réhabilitation de leur aïeul. En 2010, Robert Hossein met en scène le procès Seznec dans une pièce de théâtre interactive et Denis Seznec, le petit-fils de Guillaume Seznec, publie un livre intitulé *Nous, les Seznec*. **La même année / Cette année,** la quatorzième demande de révision du procès Seznec a enfin été acceptée par la justice française.

■

3 **GRAMMAIRE**

Sur une feuille séparée, racontez l'affaire Dreyfus à partir des éléments suivants. Utilisez des marqueurs temporels.

*Exemple : **En octobre 1894**, le capitaine Alfred Dreyfus, un officier juif alsacien, est arrêté. **Le mois précédent**, un document révélant des secrets militaires a été intercepté par le service du contre-espionnage français. L'écriture de Dreyfus ressemble à celle du document.*

septembre 1894	Interception par le service du contre-espionnage français d'un document révélant des secrets militaires, adressé à une puissance étrangère.
octobre 1894	Arrestation d'un officier stagiaire à l'état-major, le capitaine Alfred Dreyfus, juif alsacien germanophone, dont l'écriture ressemble à celle du courrier intercepté.
décembre 1894	Procès à huis clos[1] : condamnation de Dreyfus à la déportation à vie sur l'île du Diable (Guyane), par les juges du Conseil de guerre.
automne 1897	Publication du nom du vrai traître : Esterhazy. Demande de révision du procès par le vice-président du Sénat.
10-11 janvier 1898	Acquittement d'Esterhazy devant le Conseil de guerre.
13 janvier 1898	Parution du « J'accuse... » d'Émile Zola, lettre publiée dans le journal *L'Aurore*. L'écrivain accuse d'antisémitisme tout l'état-major, le ministre de la Guerre, les juges militaires, les experts en écriture.
7 février 1898	Ouverture du procès en diffamation de Zola.
9 septembre 1899	Révision du procès de Dreyfus à Rennes : nouvelle condamnation, mais avec des « circonstances atténuantes ».
19 septembre 1899	Grâce accordée par le président Loubet.
1906	Réhabilitation du capitaine Dreyfus.

1. **À huis clos** : sans que le public soit admis.

› Faire une démonstration

 **LEXIQUE**

Complétez ce texte avec les expressions de la liste pour structurer votre récit.

d'autre part – alors – tout d'abord – finalement – donc – et puis

L'enquête était finie car tout semblait accuser Mme Kougloff : .... cette bosse au front, ... il y avait aussi la mèche de cheveux. Cependant, nos deux jeunes détectives en herbe ont remarqué que M. Gorgovski était absent et ont pris l'initiative d'aller espionner chez lui sans rien dire à personne. Ils ont .... découvert que Gorgoski avait lui aussi un bandage au front. ...., en s'introduisant chez lui, ils ont trouvé une boucle d'oreille identique à celle trouvée sur les lieux du crime. Gorgovski a été interpellé plus tard par le commissaire et a .... tout avoué. Il avait .... bel et bien assassiné le cuisinier du collège avec la complicité de Julie Kougloff, sa maîtresse. Pour faire soupçonner sa femme, il avait placé une de ses boucles d'oreilles dans la cuisine.

D'après *Le Cuistot frit* (roman policier écrit par des élèves de 5e, académie de Créteil).

5 COMPRENDRE • ÉCRIT

Lisez cet extrait et répondez aux questions.

Maigret parlait d'une voix un peu sourde. De temps en temps, il tournait machinalement les feuillets du dossier qu'il avait devant lui.

« Pour en revenir à l'après-midi où Nina a été étranglée, Marcel Vivien avait certes un alibi, mais il comportait des trous... un témoin prétend que cet après-midi-là, Marcel Vivien est entré au bistrot à côté de chez Nina, vers 3 heures et qu'il était très ému...

– Où est-ce que cela vous conduit ?

– À soupçonner Vivien d'avoir tué Nina. Il n'était muni d'aucune arme mais il était fou de douleur et de jalousie. Il espérait peut-être vous mettre le crime sur le dos...

– C'est un peu ce que vous avez fait. Je vous ai toujours dit que je ne l'avais pas tuée.

– Quand avez-vous appris qu'elle était morte ?

– Un quart d'heure plus tard. J'ai vu Vivien sortir très vite. J'ai eu envie de voir ce qu'il était venu faire. Je suis entré dans la maison, c'est alors que j'ai rencontré la concierge. La porte était entrouverte, ça m'a paru suspect. Deux minutes plus tard, j'ai découvert le corps...

– Pourquoi ne l'avez-vous pas accusé ?

– J'ai décidé à ce moment-là de le punir moi-même. »

Georges Simenon, *Maigret et l'homme tout seul*,

1. À quel moment du roman policier l'extrait correspond-il ? Justifiez votre réponse.
   ❑ **a.** exposition des faits ❑ **b.** milieu de l'intrigue ❑ **c.** dénouement

   ....

2. Qui sont les personnages en présence ? De qui parlent-ils ?

   ....

   ....

3. Retrouvez dans le texte les éléments suivants de l'intrigue policière.

a. Le lieu du crime : ....

b. Des témoins : ....

c. La victime : ....

d. Le crime : ....

e. Le mobile : ....

f. Des suspects ....

g. Le coupable : ....

h. L'arme : ....

6 S'EXPRIMER

On a volé une centaine d'euros dans le tiroir-caisse d'une grande bijouterie, et une quantité importante de bijoux de valeur a disparu. Un(e) employé(e) de la boutique est suspecté(e) du double vol. Choisissez votre rôle et jouez la scène du procès au tribunal. À la fin du procès, les jurés doivent rendre leur verdict et dire si l'accusé est coupable ou innocent.

Rôles
- la victime (le/la propriétaire de la bijouterie)
- l'accusé(e)
- un(e) employé(e) du magasin
- un(e) client(e) complice
- un(e) témoin
- l'avocat(e) de l'accusation
- l'avocat(e) de la défense
- le/la juge
- un(e) juré(e)

La vie au quotidien

1 COMMUNICATION

Complétez ces témoignages avec les expressions des listes. Faites les transformations nécessaires.

MICROTROTTOIR : COMMENT VOYAGEZ-VOUS ?

1. visiter des lieux touristiques – préparer son voyage sur Internet – choisir des destinations lointaines – préférer prendre l'avion – emporter beaucoup d'affaires

Comme j'aime partir à l'autre bout du monde en voyageant vite, je ....
Je ne vais jamais dans une agence de voyages, je ....
Je .... et de préférence au bord de la mer. Quand je fais mes valises, j'ai du mal à faire le tri, alors je .... Sur place, je vais à la plage. De temps en temps je me balade dans les environs pour ....
Ce que je recherche avant tout, c'est le dépaysement et l'éloignement ! *Lucie, 52 ans*

2. planifier l'itinéraire – rechercher des endroits insolites – aller à l'aventure – emporter le strict nécessaire – sortir des sentiers battus

Moi, je voyage le plus souvent avec un petit groupe d'amis, en train ou en bus. On part avec notre sac à dos et on se déplace beaucoup à pied, donc je fais attention au poids des bagages, je .... On n'aime pas aller là où tout le monde va, en général on essaie de .... On .... et hors du commun. Ce qu'on préfère, c'est la randonnée itinérante. Mais on est très organisés, quand on part pour plusieurs jours, on .... En haute montagne, on ne peut pas se permettre de .... ! *Audrey, 28 ans*

3. être curieux de tout – faire plusieurs haltes – voyager en voiture – communiquer avec les gens – se débrouiller

Avec les enfants, c'est plus simple de .... On part quand on est prêts et on prend notre temps : on .... pour boire un café, pour passer voir un ami ou encore pour visiter un village, un monument. Moi, j'adore faire des découvertes, je .... ! On va le plus souvent à l'étranger, tout en restant en Europe. Ma femme et moi, on essaie de .... le plus souvent possible. On .... toujours plus ou moins dans la langue du pays ! *Yves, 39 ans*

2 LEXIQUE

Lisez cette publicité. Retrouvez les différents éléments décrivant l'île de Porquerolles et reportez-les ci-dessous.

METTEZ LE CAP SUR PORQUEROLLES ET SA NATURE JALOUSEMENT PROTÉGÉE !

Comme sur toutes les autres îles de la Méditerranée, la voiture y est interdite afin de préserver le fragile équilibre écologique de ce territoire minuscule.

Nous vous conseillons de louer un VTT ou de faire des randonnées à pied : plus de 54 km de sentiers balisés pour cheminer entre nature et culture, à la découverte des falaises et des criques du sud de l'île, des anciens forts militaires et des sites archéologiques.

En parcourant l'île, vous admirerez les vignobles, les superbes points de vue le long des falaises et les chemins bordés de pins et d'eucalyptus. Vous pourrez apprécier un climat doux l'hiver avec des températures agréables en toute saison.

Faites une halte dans un restaurant typique pour déguster des oursins ou autres crustacés, préparés par les pêcheurs du coin qui vous raconteront des histoires insolites.

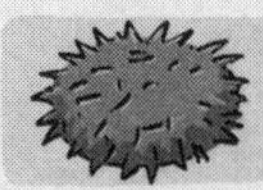    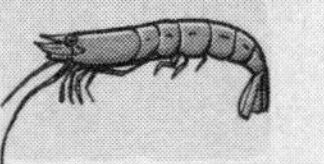

1. Mode de transport : ....
2. Paysages : ....
3. Histoire : ....
4. Climat : ....
5. Nourriture : ....

3 COMPRENDRE • ÉCRIT

Lisez ces descriptions de paysages et dites à quels endroits elles correspondent.

a. la Tunisie **b.** l'Équateur **c.** le Vietnam **d.** les Seychelles **e.** la Corse

...... **1.** Splendide promontoire qui plonge dans des eaux cristallines, le cap révèle toute la singularité de l'île de Beauté : le mariage éblouissant de la Méditerranée et de la montagne.

...... **2.** On passe des volcans andins avec leurs sommets gelés à la forêt tropicale humide, et sur la côte on regarde le soleil descendre sur les eaux chaudes du Pacifique.

...... **3.** Dans les vallées verdoyantes et les plateaux du Nord, dans le vaste désert du Sud, ou sur l'île de « Djerba la douce », vous coulerez des jours heureux.

...... **4.** Là, tout n'est que rizières noyées sous le soleil, haies de bambous et chapeaux coniques.

...... **5.** Près de 50 % de l'archipel est protégé dans des réserves naturelles, ce qui permet d'observer des tortues, d'innombrables poissons colorés et des oiseaux qui ne craignent pas la présence de l'homme.

4 COMMUNICATION

Reconstituez cette conversation téléphonique en mettant les phrases dans l'ordre.

...... **a.** Oui, c'est bien ça.
...... **b.** Je vais vérifier. Pouvez-vous me donner votre numéro de dossier ?
...... **c.** Excusez-moi mais je crois que je me suis mal fait comprendre : je pars demain matin et je n'ai toujours pas reçu mes billets.
...... **d** Agence Évasion bonjour !
...... **e.** Il n'y a aucun problème, madame, votre réservation est bien enregistrée.
...... **f.** Je vois, vous êtes madame Texier ?
...... **g.** À votre service, madame. Je vous souhaite de faire un bon voyage.
...... **h.** Eh bien voilà, j'ai réglé mon vol en ligne et j'ai bien reçu un mail de confirmation de mon paiement, mais je n'ai reçu aucun billet d'avion.
...... **i.** Oui, pouvez-vous m'expliquer ce qui ne va pas, madame ?
...... **j.** Ah ! D'accord, je comprends mieux ! Je vous remercie monsieur, vous êtes très aimable. Au revoir.
...... **k.** Ne vous inquiétez pas madame, il s'agit de billets électroniques : il vous suffira de vous présenter au comptoir d'enregistrement de l'aéroport munie de votre passeport, et tout est automatique. Vous obtiendrez votre carte d'embarquement directement.
...... **l.** Bonjour monsieur. Je vous appelle parce que j'ai réservé un vol sur le site de votre agence et il y a un problème.
...... **m.** Oui, bien sûr, c'est le OF647X.
...... **n.** Au revoir monsieur et bonne journée.

5 S'EXPRIMER

Vous aviez réservé un voyage en ligne et vous avez reçu ce mail de confirmation. Mais, deux semaines avant le départ, vous décidez de modifier votre voyage et de changer de destination.
Répondez au mail que vous venez de recevoir de l'agence de voyages et faites votre demande de changement.

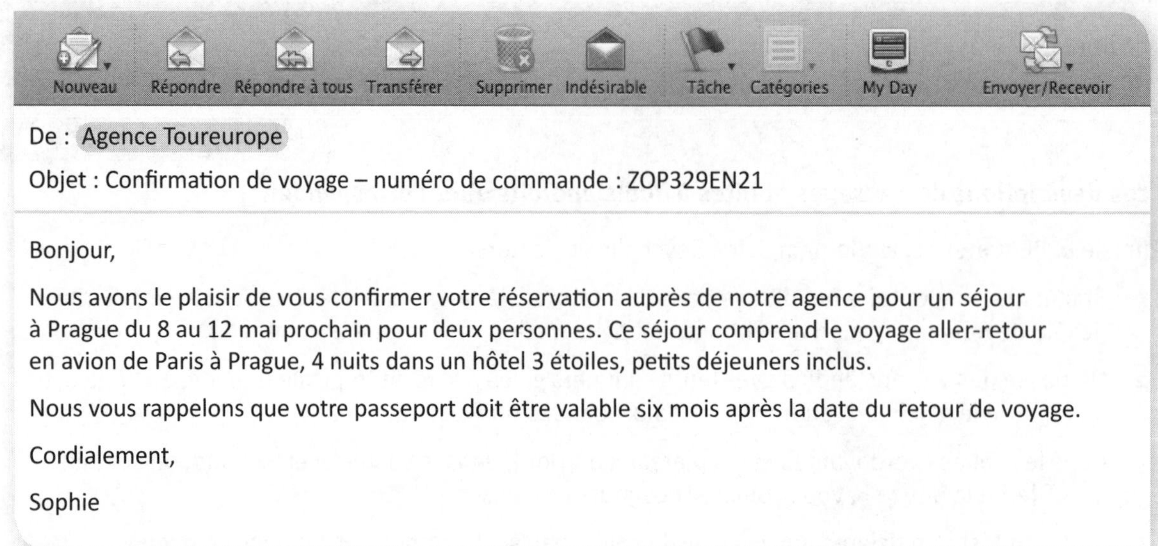

De : Agence Toureurope

Objet : Confirmation de voyage – numéro de commande : ZOP329EN21

Bonjour,

Nous avons le plaisir de vous confirmer votre réservation auprès de notre agence pour un séjour à Prague du 8 au 12 mai prochain pour deux personnes. Ce séjour comprend le voyage aller-retour en avion de Paris à Prague, 4 nuits dans un hôtel 3 étoiles, petits déjeuners inclus.

Nous vous rappelons que votre passeport doit être valable six mois après la date du retour de voyage.

Cordialement,

Sophie

Outils pour...

› Utiliser des indéfinis

1 GRAMMAIRE

Transformez les phrases : exprimez le sens contraire en utilisant des indéfinis.

Exemple : Aucun de nos amis ne nous a recommandé cette destination.
→ Tous nos amis nous ont recommandé cette destination.

1. Quelques habitants sont très accueillants avec les touristes.

....

2. Louis n'aime pas voyager, il n'est encore allé nulle part !

....

3. Cette montagne est très dangereuse, personne ne peut s'y aventurer sans guide.

....

4. Vous trouverez des offices du tourisme un peu partout dans la région.

....

2 GRAMMAIRE

Complétez ces publicités d'agences de voyages avec les indéfinis de la liste.

partout – certains – rien – tous – personne – n'importe quelle – d'autres – plusieurs – la plupart – aucune – tout – n'importe qui

1. Avec Primavacances, pour .... les séjours, ... mauvaise surprise !
2. C'est tellement facile que .... peut réserver son voyage en ligne !
3. Chez nous, ... formules possibles pour .... destination !
4. .... des voyageurs vous le diront : .... ne vaut un bon guide !
5. Location de voitures .... dans le monde, tarifs avantageux et .... compris !
6. Pour partir à l'étranger, ... voyagent en train, ... en avion, mais .... ne voyage sans passeport ou pièce d'identité !

3 GRAMMAIRE

Répondez aux questions en utilisant des indéfinis.

Exemple : Vous avez trouvé facilement des vols à tarif réduit ? → Oui, j'en ai trouvé plusieurs.

1. Est-ce qu'il y a des visites organisées dans tous les lieux touristiques de la ville ?

....

2. Vous connaissez des spécialités de cuisine locale ?

....

3. Avez-vous des préférences pour le programme de demain ?

....

4. Vous savez déjà quel guide touristique vous allez acheter ?

....

› Utiliser des négations

4 GRAMMAIRE

Remettez les phrases dans l'ordre.

1. parfois – rien – bien – Cela – ne – faire. – du – fait – de

....

2. ne – cette – plus – en – valise. – Je – voyage – avec – repartirai – jamais

....

3. beauté – être – ne – Personne – du – peut – indifférent – la – paysage. – à

....

4. vieille – rien – le – n' – château, – ni – avaient – ville. – ni – Ils – encore – visité, – la

....

5. oublié ! – me – plus – espérer – rien – que – Il – qu'à – ne – je – reste – n'aie

....

5 GRAMMAIRE

a) Décrivez la publicité ci-contre puis interprétez le message sur une feuille séparée.

b) Lisez le slogan de la publicité et faites des phrases similaires.

1. Rien ne me ....
   comme ....
2. Personne ne me ....
   comme ....
3. Aucun(e) .... ne me ....
   comme ....

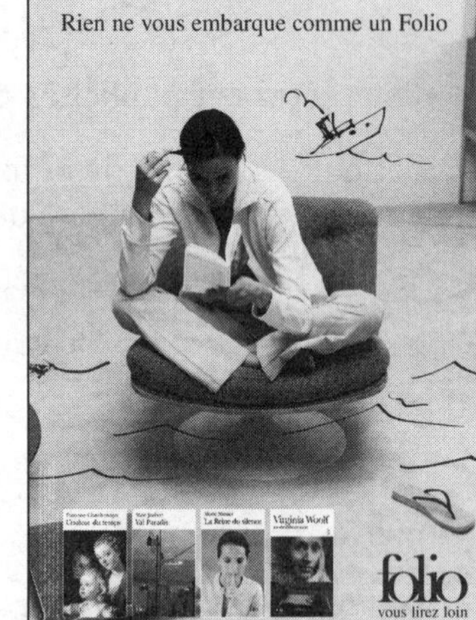

6 S'EXPRIMER

Vous aviez réservé une semaine de vacances sur Internet. L'agence de voyages vous avait envoyé le programme ci-dessous mais rien ne s'est déroulé comme prévu. Écrivez à un(e) ami(e) dès votre retour pour lui raconter vos vacances. Utilisez des négations et des indéfinis.

Hôtel Paradis 4 étoiles,
1 semaine en demi-pension

249 euros

Départs de toute la France du 26 juin au 14 juillet

Hôtel de luxe situé au cœur de la palmeraie, à 15 min du centre-ville.
Chambre double climatisée avec terrasse, vue imprenable sur les montagnes.
Courts de tennis, terrain de golf, piscines, spa avec salle de fitness, hammam, activités sportives et ludiques, spectacles, soirées dansantes et folkloriques.
Visites guidées, circuits dans le désert.

Salut ! Je viens de rentrer et je suis dégoûté(e) : les séjours tout compris, plus jamais ! J'avais réservé...

D9

Points de vue sur...

1 9 **COMPRENDRE • ORAL**

a) Écoutez cet extrait et répondez aux questions.

1. De quelle ville est originaire Stéphane ? ....
2. Combien de temps a duré son tour du monde ? ....
3. Combien de temps est-il resté en Asie puis en Amérique du Sud ? ....

b) Vrai ou faux ? Réécoutez l'extrait et répondez.

	Vrai	Faux
1. Stéphane a financé lui-même son voyage.	❑	❑
2. Il a voyagé dans plus de pays en Asie qu'en Amérique du Sud.	❑	❑
3. En Chine, il a rencontré d'autres touristes occidentaux.	❑	❑
4. En Inde, il a senti une grande différence culturelle.	❑	❑
5. Il a été impressionné par les paysages d'Amérique du Sud.	❑	❑
6. Il n'a jamais été malade pendant son voyage.	❑	❑
7. Ce voyage lui a permis d'avoir beaucoup de temps libre.	❑	❑

POINT vocabulaire

c) Relevez les expressions équivalentes dans l'extrait.

1. une année sans travailler → ....
2. les habitants d'un pays → ....
3. très fatigant → ....
4. se sentir très éloigné → ....
5. se faire voler ses affaires avec violence → ....
6. de longues randonnées à pied → ....

2 **LEXIQUE**

a) À partir des lettres mélangées, formez des mots relatifs au voyage.

1. t / r / i / c / u / c / i → ....
2. é / r / d / t / e / s → ....
3. a / g / b / a / e / g → ....
4. u / e / m / o / t / u / c → ....

b) À partir des syllabes mélangées, formez des mots ou expressions relatifs au voyage.

1. tu / a / re / ven → ....
2. cou / dé / tes / ver → ....
3. tion / tai / ne / des / na / loin / ti → ....
4. ho / ca / ge / rai / dé / la / re → ....

3 COMPRENDRE • ÉCRIT

Le Vendée Globe, une course mythique !

Le *Vendée Globe* est une course en solitaire à la voile qui se déroule tous les quatre ans. Les skippers en course doivent ainsi réaliser un tour du monde de près de 45 000 kilomètres suivant un parcours précis dont le point de départ et d'arrivée est le port des Sables-d'Olonne. Cette course est exceptionnelle et unique car il faut réaliser un tour du monde en solitaire, sans escale et sans assistance.

Le 10 novembre 2012 a marqué le départ de la 7e édition du *Vendée Globe* où de nombreux skippers étaient au rendez-vous pour essayer de réitérer les exploits des années précédentes et, eux aussi, inscrire leur nom au palmarès de l'Everest des mers.

Le tour du monde par les trois caps

Le parcours du *Vendée Globe* témoigne de la pureté et souvent de la simplicité conceptuelle des grands événements. Réaliser le tour du monde à la voile, d'ouest en est, par les trois grands caps de Bonne-Espérance, Leeuwin et Horn. Une longue descente de l'océan Atlantique, la traversée périlleuse des mers du Sud avec d'abord l'océan Indien puis l'océan Pacifique, le plus grand océan du monde. Enfin la remontée de l'Atlantique et le retour vers Les Sables-d'Olonne.

D'après www.vendeeglobe.org

Lisez ce texte et répondez aux questions.

1. Quel mode de transport est utilisé pour ce tour du monde ? ....
2. Quelle est la distance totale à parcourir ? ....
3. Comment est surnommée cette course ? ....
4. Est-ce que la course a lieu tous les ans ? Justifiez votre réponse.

....

5. Citez les trois points marquants du parcours de la course.

....

4 S'EXPRIMER

Observez ces dessins, trouvez une expression pour qualifier ces trois façons de voyager et donnez-en les avantages et les inconvénients sur une feuille séparée.

1.

2.

3.

Outils pour...

› Faire des recommandations

 GRAMMAIRE

Reconstituez les recommandations données aux voyageurs. Plusieurs solutions sont parfois possibles.

1. Il est indispensable	**a.** d'accepter ce que l'on vous sert à manger : refuser passerait pour de l'impolitesse.
2. Assurez-vous	**b.** d'avoir toujours du liquide sur vous : c'est le moyen de paiement le plus répandu.
3. Évitez	**c.** d'apprendre quelques mots du dialecte local pour tisser des liens avec les habitants.
4. Il est d'usage	**d.** d'éviter les rues sombres des vieux quartiers à la nuit tombée.
5. Il est recommandé	**e.** d'emporter des bagages trop lourds si vous voyagez en avion.

2 COMMUNICATION

Regardez ces dessins présentant des paysages particuliers ou des problèmes possibles en voyage. Sur une feuille séparée, faites des recommandations à des touristes qui n'ont pas l'habitude de voyager.

1.

3.

5.

2.

4.

6.

 COMMUNICATION

Où et dans quelle(s) situation(s) pourriez-vous lire ou entendre les phrases suivantes ?

Exemple : Déchaussez-vous en entrant. → À l'entrée d'une mosquée en Turquie, d'une maison au Japon...

1. Assurez-vous de ne rien avoir oublié en descendant. → ....

2. Évitez de poser des questions sur l'âge ou le salaire. → ....

3. Privilégiez le bus, le réseau est très dense et c'est plus rapide que le train. → ....

4. Il est recommandé de ne pas s'aventurer seul le soir. → ....

5. Il est d'usage de ne pas parler fort avec son interlocuteur. → ....

› Faire une narration au passé

4 GRAMMAIRE

Lisez ce texte évoquant un souvenir d'enfance. Conjuguez les verbes aux temps qui conviennent : passé composé, imparfait, plus-que-parfait ou conditionnel présent. Faites les transformations nécessaires.

J'.................................. *(avoir)* cinq ans et c'.............. *(être)* l'été. Mes parents .... *(réserver)* une chambre dans un hôtel au bord de la mer. Le jour où nous .... *(partir)*, la voiture .... *(être)* pleine. Mon père .... *(passer)* la matinée à remplir le coffre. Ma mère .... *(préparer)* des sandwiches que nous .... *(manger)* au déjeuner. Mon petit frère et moi .... *(attendre)* ce moment avec impatience. Enfin, l'heure du départ .... *(arriver)*. Nous .... *(monter)* dans la voiture et mon père .... *(démarrer)*. Deux heures plus tard, nous .... *(s'arrêter)* pour déjeuner. L'après-midi, mon frère .... *(dormir)* jusqu'à l'arrivée. Enfin, nous .... *(arriver)* ! Je me souviens que la plage .... *(être)* immense ! On .... *(ne pas pouvoir voir)* où elle .... *(s'arrêter)*. Je .... *(ne pas encore savoir)* à ce moment-là que je .... *(ne pas se baigner)* les jours suivants, car il y .... *(avoir)* de la tempête pendant toutes les vacances ! Mais, même si je .... *(ne pas pouvoir se baigner)*, ces vacances restent un excellent souvenir !

5 GRAMMAIRE

Remplacez le passé composé par le passé simple et vice versa.

1. Il .... *(est né)* à Bruxelles en 1929, il .... *(est mort)* à Bobigny en 1978.
2. Il .... *(fut)* tour à tour chanteur, réalisateur, acteur et navigateur.
3. Il .... *(chercha)* à réaliser ses rêves et .... *(fit)* un tour du monde en voilier.
4. Ils .... *(sont descendus)* en hâte et .... *(ont couru)* jusqu'à la gare.
5. Il y .... *(a eu)* des moments de découragement, mais ils .... *(sont allés)* jusqu'au bout.

6 GRAMMAIRE

a) Lisez cette biographie du célèbre navigateur James Cook. Trouvez les verbes correspondant aux noms proposés pour chaque date, puis conjuguez-les à la troisième personne du singulier au passé simple. (Attention à l'emploi des verbes au sens passif ou actif !)

Exemples : naissance → naître → il naquit *embauche → être embauché → il fut embauché*

James Cook

1728 Naissance en Angleterre dans une famille modeste.
1755 Embauche dans la Royal Navy.
1759 Nomination à la tête d'un navire et participation au siège du Québec.
1768 Voyage vers Tahiti puis la Nouvelle-Zélande.
1770 Exploration de l'Australie.
1771 Retour en Angleterre. Nombreux autres séjours dans les îles de l'Océanie avec des scientifiques, des astrologues et des botanistes.
1776 Départ d'Hawaï vers le nord pour chercher, en vain, un « passage arctique ».
1779 Assassinat par un Hawaïen.

b) Sur une feuille séparée, racontez la vie de James Cook en utilisant le passé simple.

James Cook ***naquit*** *en Angleterre en 1728 dans une famille modeste...*

7 COMMUNICATION

Sur une feuille séparée, faites le récit du voyage autour du monde d'Isabelle, en retraçant son itinéraire grâce aux six cartes postales envoyées à ses amis. Utilisez les temps du passé pour raconter ses aventures (imparfait, passé composé et plus-que-parfait).

Exemple : Le voyage a commencé un matin d'avril, Isabelle...

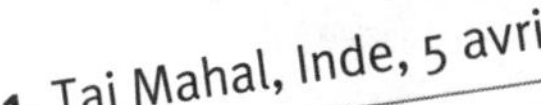

1. Taj Mahal, Inde, 5 avril

2.

Le 20 mai

Après la splendeur d'Angkor au Cambodge, la modernité de Hong Kong. J'ai rencontré des gens très sympa et j'ai trouvé un petit job dans un resto français.

À la prochaine !

Isabelle

Fanny Hermant
21, rue des Lilas
75013 PARIS
France

3.

Kyoto, le 15 juillet

Coucou les amis ! Je me plais bien au Japon ! Je fais du baby-sitting et je donne des cours de français à des ados. J'en profite pour apprendre un peu de japonais.

Bisous,

Isabelle

Estelle et Hakim Am
15, rue Saint-André
59200 TOURCOING
France

4. Nouvelle-Calédonie, 15 août

5. Machu Picchu, Pérou, 20 septembre

6.

Le 26 novembre

Bons baisers de Tombouctou.

Je travaille dans une ONG humanitaire et je m'occupe d'enfants maliens orphelins... c'est dur mais passionnant ! Je rentre dans un mois, après le désert mauritanien.

Je vous embrasse.

À bientôt !

Isabelle

Elsa et Mathias Penin
8, rue Arnaud Vidal
31000 TOULOUSE
France

Corrigés

DOSSIER 1

La vie au quotidien p. 4-5

1 s'habille – vêtement – tenue vestimentaire – look – image – code vestimentaire – portent – adaptée – soignée – costume-cravate – décontractée – excentriques – chic – négligé
2 1d, 2b, 3e, 4h, 5f, 6g, 7i, 8a, 9j, 10c
3 Production libre.

Outils pour... p. 6-8

› Caractériser des personnes et des comportements

1 a) 1. *amabilité* – disponibilité – réalisme – initiative – énergie – nervosité
2. *confiance* – humour – loyauté – organisation – efficacité
b) Production libre.
2 1. Mon voisin est impoli, malhonnête, nerveux, agressif, antipathique, étroit d'esprit et le visage toujours fermé. 2. Elle est laxiste/désinvolte, désorganisée, molle, imprécise/brouillon, mal à l'aise en public, rigide et donc incompétente.
3 1. qui – qui – où – dont – dont – que – où. 2. qui – que – qui – dont – qui – que – dont. 3. où – qui – où/dont – qui – dont
4 1. j'ai appelé 2. je t'ai parlé 3. je suis né 4. me préoccupe 5. je vais te raconter 6. je me rappelle.
5 a) Réponses libres.
b) *Réponses possibles :* 1. c'est quelqu'un qui partage ma vie, qui est très proche, qui me connaît bien, que je connais bien aussi et dont j'apprécie les qualités. 2. c'est un objet que j'utilise tous les jours, qui est toujours près de moi et dont je ne peux pas me passer. 3. c'est la musique que j'écoute tout le temps, dont je n'oublie pas la mélodie et qui me détend le plus.
6 1. ce qui 2. ceux que – ceux dont 3. ce que – ce qui 4. ce dont 5. ceux qui
7 a) *Réponses possibles :* 1. ceux qui pensent à nous, qui n'oublient pas notre anniversaire, qui nous offrent des bijoux. 2. ceux qui ont le sens de l'humour, qui nous font rire. 3. ceux qui nous disent que nous sommes belles, qui nous font des compliments.
b) *Réponses possibles :* 1. a. celle qui est toujours là. b. celle qu'on appelle quand ça ne va pas. c. celle dont on connaît très bien le caractère. 2. a. celui qui nous laisse travailler comme on veut. b. celui qu'on ne voit jamais. c. celui dont on se souvient avec plaisir.

Points de vue sur... p. 9-10

1 a) 1. *À votre santé.* 2. Dans une clinique privée à Versailles.
b) 1. faux 2. vrai 3. vrai 4. faux 5. faux 6. vrai 7. faux
c) 1. se banaliser 2. être l'apanage 3. un sujet tabou 4. les adeptes 5. des patients 6. se métamorphoser
2 1d, 2c, 3a, 4b

Transcription

– Bonjour à tous, et bienvenue dans notre émission médicale *À votre santé*. Le thème du jour est la chirurgie esthétique.
Dépenser une petite fortune dans la chirurgie esthétique est une pratique courante

.../...

aujourd'hui. Les actes de chirurgie esthétique se banalisent au nom du mieux-être. Phénomène de mode ou phénomène de société ? En direct sur notre plateau pour en parler, le docteur Moizan, chirurgien plasticien qui exerce dans une clinique privée à Versailles. Nous écouterons également le témoignage de plusieurs auditeurs.
Pour commencer, quelques chiffres sur la chirurgie esthétique. 350 000 : c'est le nombre d'interventions de chirurgie esthétique par an, en France. Mais, aujourd'hui, ce n'est plus l'apanage des stars et des gens riches, car elle séduit toutes les classes sociales et de plus en plus d'hommes aussi. Docteur Moizan, vous confirmez ?
– Oui, en effet, les hommes représentent 15 % de ma clientèle. Quel que soit le milieu d'où l'on vient, on n'hésite plus à se donner une seconde jeunesse, un nouveau nez, une nouvelle silhouette. À mon avis, ce n'est plus un sujet tabou et tout le monde parle aujourd'hui librement de lifting ou de rhinoplastie.
– Donc, les adeptes, les personnes qui ont recours à la chirurgie esthétique, sont de plus en plus variés ?
– Oui, tout à fait. Que l'on soit une jeune fille de 20 ans complexée, une jeune mère désireuse de retrouver sa féminité, une femme de 50 ans souhaitant repousser la vieillesse en supprimant les traces visibles du temps, ou encore un homme de 55 ans voulant modifier son apparence, la motivation première de mes patients reste la même : avoir une meilleure image de soi.
– Et comment se passe votre relation avec le patient ? En quoi est-ce différent de la médecine traditionnelle ?
– Un chirurgien plasticien doit être aussi psychologue, même si cette matière ne fait pas partie du cursus universitaire de la spécialité. Il ne suffit pas de savoir opérer. Il faut aussi écouter les gens pour que l'opération soit fidèle à la personnalité des patients. Je me suis rendu compte, après plusieurs années d'expérience, que le désir profond de mes patients vient souvent d'une recherche d'élévation de soi qui passe par le corps. Et puis, aujourd'hui, pour conserver sa place dans la société et dans le monde du travail, il faut se distinguer, sortir du lot.
– Merci docteur Moizan. Je vous lis maintenant trois témoignages reçus par mail.
Véronique, avocate, 56 ans, nous écrit : J'ai fait un lifting l'année dernière, car je ne supportais pas de voir ma mère dans le miroir lorsque je me regardais. Et ça, j'avais vraiment du mal à l'assumer. Je n'ai pas fait ce lifting pour me sentir plus jeune car j'assume totalement mon âge. L'idée de vieillir ne me fait pas peur. Mais depuis l'opération, j'ai retrouvé une certaine sérénité face à mon image.
Christèle, enseignante, 42 ans, a fait appel à la chirurgie esthétique après ses grossesses. Je lis : Après deux grossesses, mon corps s'est métamorphosé et je n'étais plus du tout la femme mince que j'avais été. J'ai donc décidé d'avoir recours à la chirurgie esthétique et je suis très satisfaite du résultat. Je me sens beaucoup plus épanouie depuis l'opération, même si celle-ci n'était pas une partie de plaisir !

.../...

Quant à Patrick, directeur commercial, 54 ans, lui, il préfère son nouveau nez. Il nous écrit : Je ne supportais plus mon nez. Ce n'était pas vraiment le regard des autres qui me dérangeait mais j'avais du mal à me regarder dans le miroir. Lorsque quelqu'un me disait que j'avais de beaux yeux, je n'y croyais pas. Je me demandais comment cette personne arrivait à voir la couleur de mes yeux avec un nez aussi énorme ! Depuis que je me suis fait refaire le nez, je me sens mieux. J'ai un poids en moins.

3 1. Pour reprendre confiance en soi et améliorer ses chances de trouver un travail. 2. Parce que l'apparence a beaucoup plus d'importance qu'on ne le pense pendant un entretien professionnel. 3. Cette opération proposée par Pôle Emploi insiste sur l'estime de soi, la présentation et la gestion de l'expression orale. 4. Elle est animée par des professionnels du relooking. 5. D'abord sur l'apparence (tenue vestimentaire, coiffure, maquillage, manucure) mais aussi sur l'allure, la gestuelle, la démarche et la diction. Puis sur la présentation (CV puis répétition/mime d'entretien face à un DRH).
4 *Réponses possibles :* 1. *Il s'est fait enlever une verrue*, il s'est fait recoller les oreilles, il s'est fait refaire le nez, il s'est fait poser des implants de cheveux. 2. Elle s'est fait refaire la poitrine, elle s'est fait lifter le visage, elle s'est fait faire une liposuccion, elle s'est fait enlever un grain de beauté.

Outils pour... p. 11-13

› Donner des ordres et faire des suggestions

1 1. Il faudrait qu'elle fasse... 2. Il est nécessaire que nous prenions... 3. Il vaudrait mieux que tu choisisses... 4. Il faut absolument qu'elle vienne... 5. Ce serait bien que vous répondiez...
2 Production libre.

› Exprimer des sentiments

3 2. heureux 3. inquiet/effrayé 4. indifférent 5. furieux/jaloux/exaspéré 6. soulagé 7. étonné/choqué/surpris 8. méfiant 9. rêveur
4 1. Je suis déçue de ne pas pouvoir aller chez mes amis ce week-end. 2. Tu as dû être furieuse d'avoir raté ton train. 3. Ses parents sont fiers qu'elle ait obtenu de bons résultats scolaires. 4. Paul est très content qu'on lui ait proposé une promotion dans son travail. 5. Nous sommes ravis pour vous que vous puissiez passer une semaine au soleil.
5 *Réponses possibles :* 1. J'ai peur qu'ils aient eu un problème et qu'ils aient raté leur train. Je suis inquiet/inquiète/Ça me surprend que mes parents ne m'aient pas encore appelé(e). 2. Je suis déçu(e)/triste que tu n'aies pas été admise au concours d'entrée de cette école, je souhaite que tu sois reçue dans une autre école. 3. Je suis ému(e)/content(e) que tu attendes un bébé, je suis fier/fière d'avoir bientôt un neveu ou une nièce. 4. Je regrette que tu ne veuilles pas partir en vacances avec moi/nous. 5. Je suis furieux/furieuse que tu partes sans moi en mission aux Seychelles./J'aimerais que tu m'emmènes avec toi en mission aux Seychelles ! 6. Je ne supporte pas que ma belle-mère s'invite chez nous ! Je suis énervé(e) qu'elle ait pris cette décision sans nous prévenir.
6 Je suis inquiète qu'elle fasse comme ses copines et qu'elle ne se rende pas compte du danger

de ces pratiques… Je suis également furieuse qu'elle ait déjà pris rendez-vous chez un tatoueur sans me consulter. Je regrette de ne plus avoir aucune influence sur elle. Quant à son père, il est exaspéré qu'elle ne nous obéisse plus et qu'elle n'en fasse qu'à sa tête ! Nous avons peur qu'elle ne soit pas assez mûre pour tenter ce genre d'expérience et nous craignons qu'elle tombe entre de mauvaises mains.

7 1. amour 2. amitié 3. amour 4. amour 5. amitié 6. amour 7. amitié

8 *Réponses possibles :* 1. Elle est triste de s'être disputée avec son copain, elle regrette de l'avoir quitté. Elle est jalouse de voir à côté d'elle un couple d'amoureux qui sont heureux. Eux, ils sont contents d'être si bien ensemble. 2. Il est furieux que sa femme ait reçu une lettre d'invitation et qu'elle ne lui ait rien dit. Il voudrait qu'elle lui dise toujours tout. Elle est furieuse que son mari ait lu son courrier personnel et elle ne supporte pas qu'il rentre tard tous les soirs, qu'il ne lui pose pas de questions sur sa journée à elle. 3. Il est choqué d'apprendre que son assistante a quitté l'entreprise la veille. Il n'arrive pas à admettre qu'elle soit partie sans le prévenir. Il ne comprend pas qu'elle n'ait pas réussi à s'adapter à son emploi.

DOSSIER 2

La vie au quotidien p. 14-16

1 1. as fait des folies – est dans le rouge/est à découvert/a des fins de mois difficiles/a du mal à joindre les deux bouts. 2. claque de l'argent – être à découvert/être dans le rouge/ avoir des fins de mois difficiles/avoir du mal à joindre les deux bouts 3. est à découvert/est dans le rouge – me serre la ceinture. 4. panier percé – jeter son argent par les fenêtres – se serrer la ceinture. 5. ai achetée d'occasion. 6. faire des affaires

2 1b, 2a, 3d, 4c, 5e, 6f, 7g, 8h, 9i

3 *Réponses possibles :* 1. J'ai voyagé à bord d'un avion de votre compagnie le 3 mars dernier (vol AJ639 Toulouse-Paris Orly). 2. À l'ouverture du colis, j'ai constaté que les chaussures n'étaient pas conformes à la description faite sur le site : les semelles sont en matière synthétique alors que vous annonciez qu'elles étaient en cuir. 3. Je vous retourne ce jour les quatre bouteilles restantes et souhaite être remboursée dans les meilleurs délais.

4 Production libre.

5 La superwoman : b, g, 2. La décomplexée : a, e, 1. La bobo : d, h, 3. La traditionnelle : c, f, 4.

6 Productions libres.

Outils pour... p. 17-18

› Parler de sa consommation et comparer

1 1. meilleur 2. plus de/de plus en plus de 3. plus 4. mieux/de mieux en mieux 5. plus de – plus de – moins d' – moins de 6. plus/de plus en plus – autant

2 *Réponses possibles :* 1. beaucoup moins – plus d' 2. de moins en moins de – vraiment plus – moins d' 3. un peu plus – nettement moins – 4. de plus en plus – mieux

3 *Réponses possibles :* 1. les produits du marché sont parfois plus frais que ceux vendus en grande surface. 2. j'adore aller dans les boutiques et faire des essayages. 3. je suis bien équipée. 4. le vendeur est souvent prêt à baisser un peu le prix.

› Caractériser avec des pronoms relatifs composés

4 1. cette table autour de laquelle 2. ces chaussures dans lesquelles… et que vous ne voudrez plus quitter ! 3. ces anneaux grâce auxquels 4. ce papier à lettre de qualité sur lequel

5 1. C'est un catalogue de vente par correspondance dans lequel on trouve un grand choix d'articles pour enfants. 2. C'est une émission de téléachat devant laquelle beaucoup de ménagères passent leur matinée/pendant laquelle/ après laquelle on peut passer commande au téléphone. 3. Ce sont des réunions entre copines grâce auxquelles les filles peuvent renouveler leurs produits de beauté/pendant lesquelles on peut échanger des articles et faire de bonnes affaires. 4. C'est un site Internet sur lequel on peut échanger des articles et faire de bonnes affaires/on trouve un grand choix d'articles pour enfants. 5. C'est une grande braderie pour laquelle tous les habitants de la région se déplacent. 6. Ce sont des marchés sans lesquels Noël ne serait plus Noël/pour lesquels tous les habitants de la région se déplacent. 7. C'est un grand magasin sans lequel Noël ne serait plus Noël/c'est un grand magasin à côté duquel/ avec lequel les autres commerces ne peuvent pas rivaliser.

6. Productions libres.

Points de vue sur... p. 19-21

1 a) 1. vrai 2. vrai 3. faux 4. faux 5. vrai
b) Production libre.

2 vente aux enchères – enchérir – mis à prix – adjugé – une fortune ! – une (bonne) affaire !

3 a) 1. les nouvelles habitudes de consommation des Français 2. Quatre personnes : un retraité, un homme d'une quarantaine d'années, une mère de famille, une femme plus âgée.
b) 1. Personne 1 : il fait ses courses avec 20 euros, pas plus. Personne 2 : il fait ses courses le mardi parce que, avec sa carte de fidélité, il a une réduction de 10 %. Personne 3 : elle attend les soldes et fait les boutiques de dégriffés. Personne 4 : elle envisage le vélo pour aller faire ses courses. 2. Faux (elle a passé l'âge).
c) 1. baisser les bras pour beaucoup de choses 2. éplucher les prix 3. jeter un œil attentif 4. avoir un budget serré 5. être à découvert

Transcription

– Face à la flambée des prix du pétrole et à la valse des étiquettes dans l'alimentaire, les Français sont contraints de changer leurs habitudes de consommation. Pour se nourrir en premier lieu, pour s'habiller, se déplacer et se loger, le low-cost fait place au système D : un mouvement de fond s'est engagé…
– Il y a les résignés comme ce retraité qui sort du supermarché en traînant son panier à roulettes : peu importe la courbe des prix, il fait ses courses avec 20 euros, pas plus !
– Avec un billet de 20 euros, avant, on en avait un peu plus dans son panier. Quand on vieillit, on baisse les bras pour beaucoup de choses. J'ai honte mais enfin, bon, c'est comme ça !
– Beaucoup plus vigilant, ce client épluche littéralement les prix de cette grande surface. Il s'est aussi doté de la carte de fidélité et ça, ça change tout !
– Je fais mes provisions tous les mardis, voilà, parce que le mardi, avec la carte, il y a 10 % sur tous les produits.
– Ne plus acheter en fonction de la marque mais par rapport au prix, ils sont nombreux à

…/…
avoir changé leur comportement et à jeter un œil attentif en bas des rayons, là où se trouvent les produits les moins chers. L'alimentation mais aussi les vêtements, c'est un passage obligé ; et, pour cette mère de famille, le budget est de plus en plus serré !
– J'ai deux filles, je suis donc obligée d'acheter quelque chose à chacune tous les ans et donc j'attends les soldes, je calcule très bien, et puis… il y a pas mal de boutiques à Paris qui font des prix, des dégriffés, je suis moins à découvert comme ça !
– Quand on vient faire les grosses courses, on garnit le coffre de la voiture. Mais, pour les petites commissions, on hésite de plus en plus à consommer du carburant.
– J'envisage le vélo, pas les patins à roulettes parce que j'ai passé l'âge, mais le vélo, oui !

4 Production libre.

5. a) 1e, 2a, 3f, 4c, 5b, 6d
b) et c) Productions libres.

Outils pour... p. 22-23

› Négocier et discuter un prix

1 1d, 2h, 3g/a, 4e, 5a/g, 6c, 7b, 8f

2 *Réponses possibles :* Bonjour monsieur, elles coûtent combien, ces boucles d'oreilles ? – Ah, désolée, je ne peux pas mettre autant… – Oui, je m'en doute, elles sont très belles, mais je n'ai pas vraiment les moyens en ce moment. Vous pouvez me faire une ristourne ? – Ah ! c'est gentil, je pourrais vous en donner 40 euros. Ça irait ?

› Rapporter les paroles de quelqu'un

3 « Allô maman ? Tu sais, pour ton problème avec Internet, j'ai appelé Infoescroquerie. J'ai expliqué que tu avais fait un achat et qu'on ne te l'avait jamais livré. Le conseiller m'a dit que si tu avais acheté sur un site marchand, tu pouvais envisager de régler le différend à l'amiable. Il m'a expliqué qu'il y avait un service qui s'occupait de régler les litiges et que tu n'avais qu'à le contacter. Il m'a précisé que, de toute façon, il fallait que tu fasses opposition sur ton compte bancaire le plus vite possible, que cela permettrait d'éviter d'autres prélèvements frauduleux. Il m'a dit de ne pas hésiter à porter plainte si une grosse somme était en jeu pour que le cas que tu as subi soit connu des services de police. Il a précisé en revanche que si les escrocs étaient à l'autre bout du monde, on n'aurait pas beaucoup de chances. Il m'a dit que tu pouvais aussi déposer un recours en t'adressant au tribunal de proximité, que le juge de proximité avait déjà réglé des litiges civils de la vie quotidienne. Mais surtout il te recommande de te méfier davantage la prochaine fois !

4 *Réponse possible :*
– Michel Tampon de la société Statipex à l'appareil. Bonsoir madame. Pourriez-vous répondre à quelques questions ?
– Ça dépend du type de questions et du temps que ça prendra.
– Je peux vous assurer que ça ne sera pas long. Ça porte sur l'aménagement de votre nouvel appartement.
– Mais comment savez-vous qu'on vient de changer d'appartement ?
– Euh… Avez-vous fait faire des travaux d'isolation ?
– Oui.
– Bien. Maintenant, quelle marque de couches-culottes achetez-vous pour votre bébé ?
– Euh, je n'ai pas de préférence… pourquoi ?

– Et pour votre chat, quelle marque de croquettes préférez-vous ?
– La moins chère !
– Combien de boîtes de conserve consommez-vous par semaine ?
– Deux ou trois, mais ça dépend.
– Et combien de...
– Bip, bip, bip... *(l'interlocutrice a raccroché)*
– Allô ? Allô ?

› Mettre en garde

5 *Réponses possibles :* 1. Faites attention, vous avez pris une assurance en cas de problème ? 2. Tu t'es bien renseigné sur l'état de la voiture ? Sois vigilant sur Internet ! 3. Tu es sûr(e) que tout est gratuit ? Ne te fais pas avoir ! 4. C'est si intéressant ? Ne fais pas trop confiance aux démarcheurs ! 5. Fais attention, tu vas te faire arnaquer !
6 Production libre.

DOSSIER 3

La vie au quotidien p. 24-25

1 a) Production libre.
b) un communicatif : ● – un concret : ■ – un scolaire : ❄ – un analytique : ▲
c) Production libre.
2 L'institutrice : 2, 11, 7, 5. La gendarme : 4, 1, 9, 12. L'architecte : 6, 10, 3, 8.
3 Production libre.

Outils pour... p. 26-28

› Parler du passé

1 est né – a passé – n'aimait pas – était – a commencé – a ouvert – aimait – organisait – encourageait – a introduit – organisait – refusait – disait – ne devait plus – ont fait
2 a commencé – a réalisé – est devenu – j'étais – dirigeais – faisais – n'avais jamais pensé – savais – a/avait travaillé – était – est rentré – voulait – a choisi – a fait la connaissance – a été – est resté – a appris – a restauré – a créé
3 *Réponses possibles :* Bruno et son frère jumeau sont nés au Québec en 1987. 2. À l'âge de dix ans, ils aidaient déjà leur père qui avait embauché un jeune chef, Paul Deuxgros, dans son restaurant. 3. À la fin de ses études, Bruno a décidé de partir en France pour continuer sa formation, sur la Côte d'Azur, à Nice. 4. Il a fait son apprentissage/Il a appris son métier pendant cinq ans dans le grand hôtel le Negresco avec Paul Deuxgros, le jeune chef qu'il avait connu au restaurant de son père/qui avait travaillé quelques années avant avec son père. 5. Il est retourné à Montréal et a retrouvé son frère en 2009. 6. Ils ont ouvert une prestigieuse école au centre de Montréal, la Guilde culinaire. 7. Bruno est devenu un célèbre présentateur culinaire à la télé. Les téléspectateurs adoraient ses recettes. 8. Et il a reçu une médaille d'or en 2013 pour sa recette de pièce montée, un gâteau qu'il avait appris à faire au Negresco à Nice avec le chef Paul Deuxgros.
4 *Réponse possible :* Arthur et Zoé se sont rencontrés dans un train. Ils se sont plu tout de suite, se sont parlé longuement. Puis ils se sont écrit de longues lettres, se sont envoyé des mails, se sont téléphoné très souvent. Un jour, ils se sont disputés et se sont séparés. Ils se sont perdus de vue pendant quelques années. Pendant ce temps-là, Arthur s'est lancé dans un tour du monde et Zoé s'est mise à réfléchir à un projet et s'est formée à l'agriculture bio. Ils se sont retrouvés par hasard dans un café et ils étaient tellement contents de se revoir qu'ils ne se sont plus quittés. Ils se sont mariés et se sont décidés à devenir parents.
5 Personne ne me l'a enseignée – Plusieurs personnes de mon entourage me l'ont transmise – Je l'ai découverte – Je l'avais rencontrée – je l'ai longtemps enviée – je l'ai tout de suite aimée – Je l'ai choisie parce que j'en ai toujours aimé la sonorité et le doigté – Je l'avais déjà pratiquée.
6 1. est entrée – ne savait pas – voulait – a choisi – ont plu – est allée – a trouvé – avait pourtant dit – offrait 2. ont appris – avaient vu – étaient tombés amoureux 3. me suis trompé(e) – me suis inscrit(e) – voulais

Points de vue sur... p. 29-30

1 a) un roman/livre – lu – une histoire – l'auteur – un style – écriture – Le livre/roman
b) Production libre.
2 a) 1. La formation professionnelle des salariés français 2. Éliane Lefort, une spécialiste de la formation professionnelle 3. Faire un stage d'anglais est la formation la plus demandée. 4. Les nouvelles méthodes viennent en complément de l'enseignement traditionnel avec un professeur.
b) 1. les CDrom, les plateformes sur Internet, les conversations sur téléphone mobile, avec l'envoi journalier de mots de vocabulaire 2. Non, il faut le mélange de formation classique et de nouvelles technologies, et une formule où on parle.
c) 1. venir en tête 2. paraître un peu gadget 3. recevoir une piqûre de rappel

Transcription
– Il y a quelques semaines paraissait le palmarès des formations les plus demandées par les salariés français et, comme chaque année, c'est le bon vieux stage d'anglais qui vient en tête. Mais, aujourd'hui, apprendre l'anglais, ça ne passe pas forcément par une salle de classe avec un prof en face de soi ; les nouvelles technologies sont passées par là. Alors quelles sont les nouvelles façons d'apprendre une langue étrangère ? Est-ce que c'est plus efficace, plus rapide ? On en parle avec notre spécialiste de la formation professionnelle, Éliane Lefort du groupe Socrates... Bonjour !
– Bonjour.
– Éliane Lefort, quelles sont ces nouvelles méthodes pour apprendre les langues étrangères ?
– Alors, ces nouvelles méthodes, effectivement, sont de plus en plus utilisées. Je reviens juste sur ce que vous avez dit en introduction : le bon vieux prof dans sa salle de classe continue d'exercer ; il continue d'être très utile parce que, finalement, toutes ces nouvelles méthodes qui existent viennent souvent en complément d'un cours avec le prof.
– Avec le prof en personne.
– Voilà, c'est ça, parce qu'effectivement toutes ces méthodes sont intéressantes mais souvent en complément. Alors, quelles sont-elles ? Elles sont très variées. Il y a bien sûr les logiciels, que l'on connaît, les CDrom, il y a les plateformes qui sont accessibles par Internet : vous vous connectez avec un mot de passe à la plateforme de l'établissement et

.../...
vous avez une espèce de parcours personnalisé où vous pouvez travailler à votre rythme, faire les exercices les uns après les autres et être suivi à distance par un tuteur. Donc, l'intérêt, bien sûr, c'est d'être accompagné. Il y a les conversations aussi par téléphone, sur téléphone mobile, avec de petites nouveautés qui peuvent paraître un peu plus gadget comme l'envoi tous les jours de quelques mots de vocabulaire dans la langue...
– Choses qu'on reçoit sur son téléphone.
– Voilà, qu'on reçoit style un peu piqûre de rappel quotidienne... Voilà, donc, toutes ces technologies sont utilisées de manières diverses, parfois ensemble, en général regroupées avec quand même des cours avec notre bon vieux professeur...
– Le bon vieux professeur... Voilà, la tendance, c'est ça : le mélange des deux, le mélange de, de...
– Voilà, c'est ce qu'on appelle le *blended* dans notre jargon... Le mix en gros entre les formations classiques complétées, quand vous rentrez chez vous, par un petit peu de nouvelles technologies... Je tenais juste à rajouter par rapport à ce qu'on disait : c'est vrai que le côté affectif quand on apprend une langue, l'échange, est très important, puisque, quand vous apprenez l'anglais, c'est pour voyager ou parler avec des Anglais et pas être face à votre ordinateur à remplir un QCM, d'où finalement aussi l'intérêt de rester un peu sur des formules où on parle, que ce soit par téléphone, par webcam, où il y a finalement ce dialogue avec l'autre.

3 Production libre.
4 a) 1. Favoriser l'apprentissage des relations interculturelles en facilitant les séjours des jeunes à l'étranger. 2. Les collégiens, les lycéens et les jeunes adultes. 3. Nicole : le froid, la nuit polaire, la difficulté de la langue, le fait d'être loin des autres étudiants du programme AFS. Marc : l'intégration dans la famille d'accueil et le fait d'être confronté à de nombreuses expériences inhabituelles. 4. Nicole a appris à se débrouiller dans différentes situations et elle a acquis le goût de la découverte. Marc s'est enrichi au contact des personnes rencontrées, il a mûri et a appris à mieux se connaître, à être plus sûr de lui.
b) Production libre.

Outils pour... p. 31-33

› Exprimer la concession

1 *Réponses possibles :* 1. Même si instruire ses enfants chez soi est un droit, les parents qui font ce choix ont aussi des devoirs vis-à-vis de l'Éducation nationale et sont contrôlés par un inspecteur d'académie. 2. Parmi ces parents, nombreux sont ceux issus du monde de l'éducation. Pourtant/Cependant, ce ne sont pas forcément les meilleurs pédagogues pour leurs enfants. 3. Bien que l'école à la maison soit une alternative séduisante, ces enfants peuvent souffrir de solitude. 4. L'école à domicile a beau faire des adeptes, c'est un luxe car ce système suppose une grande disponibilité des parents.
2 *Réponses possibles :* 1. On fait des études de plus en plus longues, pourtant on ne trouve pas de travail à la sortie de la fac. 2. Malgré le faible coût d'inscription à l'université, il y a peu de mixité sociale. 3. Il a appris à jouer d'un instrument, même s'il ne sait pas déchiffrer les partitions. 4. Il a beau avoir un accent prononcé

en langue étrangère, il se fait comprendre sans problème. 5. Il n'a aucun diplôme, et il dirige quand même une grande entreprise.

3 *Réponses possibles :* 1. J'ai eu beau insister, il n'a pas voulu passer le concours. 2. Malgré ses bons résultats scolaires, elle n'a pas trouvé d'emploi dans sa filière. 3. Elle a fini par accepter sa proposition, même si elle avait un autre projet professionnel. 4. Bien que nous ayons les mêmes goûts, nous avons fait des études complètement différentes. 5. Il a vécu plus de dix ans en Chine, pourtant il ne parle pas bien la langue.

4 1. Ma fille a des résultats catastrophiques en anglais ! Pourtant, elle adore cette matière et passe beaucoup de temps sur ses devoirs d'anglais. Elle prend même des cours particuliers, que faire ? 2. Je suis nulle en cuisine… Malgré les conseils de ma mère qui a essayé de m'apprendre à cuisiner dès mon plus jeune âge, je rate tout ! J'attends vos conseils avec impatience ! 3. Mon fils de 20 ans a beau avoir envie d'autonomie, il refuse de passer le permis. Je suis donc obligé de le conduire un peu partout. Comment faire pour le convaincre ?

› Exprimer l'opposition

5 1. paradoxal 2. opposition 3. contre-indiqué 4. objection 5. antinomique
a. objecter b. contre-vérité c. inverse

6 Production libre.

7 *Réponses possibles :* 1. Les Français lisent plus pendant les vacances. Par contre, ils regardent une heure de moins la télévision. Ils surfent beaucoup moins sur Internet (presque une heure de moins), en revanche ils écoutent pratiquement autant la radio. 2. Le nom de l'auteur influence fortement le choix de lecture (60 %), contrairement à la taille des caractères (seulement 9 %). Le titre influence le choix autant que le prix. Par contre, le nombre de pages n'est pas important.
b) Production libre.

DOSSIER 4

La vie au quotidien p. 34-35

1 1d, 2g, 3c, 4a, 5j, 6k, 7i, 8b, 9e, 10h , 11f

2 1. abonné – parcours – jette un coup d'œil – gros titre – sélectif – rubriques 2. éclectique – A à Z – réseaux sociaux 3. presse people 4. se dégrade – sites de presse en ligne

3 Production libre.

4 *Production possible :* Ça fait longtemps que je n'ai pas donné de nouvelles. Comment vas-tu ? Ici, c'est la rentrée et on est en pleine réforme avec le changement de ministre de l'Éducation nationale. Ils parlent de supprimer les notes et, d'après les sondages, 80 % des personnes interrogées sont d'accord. Pour moi, c'est un faux débat. Le problème, ce ne sont pas les notes mais la manière dont on évalue les élèves. En tout cas, il faut améliorer le soutien personnalisé aux personnes qui décrochent et trouver un système pour inciter les jeunes à se coucher un peu plus tôt. Je viens de lire que les ados ont amélioré leur alimentation mais ne dorment pas assez. Enfin une bonne nouvelle pour ceux qui préparent le bac et qui en général ne savent pas encore quoi faire, ils pourront se faire aider lors d'un salon spécial pour eux. Et toi, que deviens-tu ? Je compte sur toi pour me tenir au courant de ce qui se passe chez toi… On ne parle pas beaucoup de ton pays dans la presse ici !

Outils pour… p. 36-38

› Comprendre des titres d'actualité

1 1. Tempête : hospitalisation en urgence de trois marins. 2. Lancement d'une école de commerce à vocation internationale à Moscou. 3. Tournage d'un documentaire sur les femmes en Afghanistan. 4. Interdiction des corridas en Catalogne. 5. Construction d'un stade de 60 000 places à Paris dans les années à venir.

2 1. Des lycéens et des étudiants ont manifesté contre le projet de loi. 2. On passe à l'heure d'hiver le week-end prochain. 3. Les solariums en libre-service seront interdits aux mineurs dès le mois prochain. 4. La star est apparue au bras de son nouveau compagnon.

3 1. Première tempête d'automne : un navire échoué et des coupures d'électricité. 2. Une femme agressée pour avoir dénoncé des trafiquants. 3. Consommation : après la folie des soldes, c'est l'accalmie.

› Relater un événement dans un article narratif

4 *Réponses possibles :* 1. Dix personnes ont été hospitalisées pour avoir mangé des champignons toxiques. (forme passive, accent sur la victime) 2. Le sud-est de la France a battu des records de chaleur. (forme active, accent sur le sujet) 3. À Marseille, un metteur en scène algérien a créé un théâtre franco-algérien. (forme active, accent sur le sujet) 4. Une employée de maison a escroqué des retraités. (forme active, accent sur le sujet)/Des retraités ont été escroqués par leur employée de maison. (forme passive, accent sur la victime)

5 avait été volée – endommagée – a été retrouvée – ne serait pas remontée – a été découverte – avait été volée – est remplacée – est dérobée – est tordue – (elle est) dérobée

6 je me suis fait mordre – je me suis fait insulter – je me suis fait bousculer/j'ai été bousculée – je me suis fait voler – j'ai été ignorée – avant de me faire rediriger/d'être redirigée – je n'ai pas été prise au sérieux

7 Production libre.

Points de vue sur… p. 39-41

1 a) 1, 2, 4, 7, 9, 11, 13
b) Production libre.

2 a) *Réponse possible :* Le document, par un effet visuel, laisse penser que les médias veulent hypnotiser/endormir les citoyens.
b) Production libre.

3 a) 1. L'usage des réseaux sociaux sur le lieu de travail. 2. La Cegos, un organisme de formation professionnelle. 3. Facebook, Viadeo, Linkedin, Twitter, Google+.
b) 1. Faux (Facebook, 61 %). 2. Vrai (20 %). 3. Faux (un peu plus). 4. Vrai (70 à 80 %). 5. Faux. 6. Vrai (40 %).
c) 1. mesure du taux de fréquentation d'un réseau 2. passer son temps à surfer sur Internet 3. limiter l'accès au réseau 4. être en contact avec 5. suivre le fil Twitter
d) Production libre.

Transcription

– Sébastien Lafontaine, bonsoir.
– Bonsoir Bertrand.
– Et nous allons parler ce soir réseaux sociaux : Facebook, Twitter et compagnie, je sais que vous adorez ça. Mais quel usage les salariés en font sur leur lieu de travail, Sébastien ?
– En tout cas, on en parle beaucoup, ces temps-ci, des réseaux sociaux. Alors, est-ce que les salariés vont effectivement sur ces

…/…

réseaux sociaux, passent leur temps quand ils sont au boulot sur Facebook, sur Twitter et autres ? Eh bien, en fait, ils sont beaucoup plus sages qu'on pourrait le croire. C'est une étude publiée aujourd'hui par la Cegos, un grand organisme de formation professionnelle, qui le dit. Sa responsable affirme que, de tous les réseaux sociaux utilisés par les salariés, c'est Facebook qui arrive largement en tête.
– Facebook rassemble 61 % des utilisateurs, et c'est de loin le premier réseau utilisé par les salariés. On trouve ensuite des réseaux connus qui sont Viadeo, Linkedin, Twitter mais la surprise, c'est quand même Google+ qui dépasse ces différents réseaux avec un taux de fréquentation qui est un peu plus fort. On voit quand même finalement que c'est Facebook qui reste le leader.
– Premier enseignement de cette étude : alors que beaucoup d'entreprises craignaient que leurs troupes passent leur temps à surfer sur Internet et Facebook, en fait, ils sont plutôt raisonnables.
– Eh bien oui, finalement, l'usage des réseaux sociaux, ça se fait à la maison et non pas en entreprise. On voit qu'il y a moins d'un salarié sur deux qui utilise les réseaux sociaux depuis son entreprise ; et ils ne sont même que 20 % à les utiliser de manière quotidienne, ce qui est finalement très peu.
– Même s'il y a des différences selon les catégories sociales et que, chez les cadres, c'est un peu plus.
– Alors, l'usage est différent pour les cadres en termes de finalité, c'est-à-dire que les cadres se servent beaucoup des réseaux sociaux pour un usage professionnel, ce qui n'est pas le cas des autres catégories socioprofessionnelles. On voit donc une espèce de mélange entre la vie personnelle et professionnelle, en particulier pour les cadres.
– Petite surprise de cette étude Cegos : on pensait que beaucoup d'entreprises limitaient l'accès aux réseaux sociaux dans le cadre professionnel, eh bien, en fait, pas tant que ça !
– Pas tant que ça ! 70 à 80 % des salariés ont accès aux réseaux sociaux en entreprise, donc cela limite vraiment le nombre de personnes qui n'ont pas accès à ces réseaux depuis leur lieu de travail.
– Il y a un petit élément assez amusant dans cette étude : sur les réseaux sociaux, le principe, c'est qu'on est ami, on est en contact avec tel ou tel, souvent des inconnus, eh bien, la plupart des salariés ne veulent pas être amis avec leur chef.
– Eh bien non, figurez-vous que les salariés refusent quand leur patron demande à être leur ami, ils refusent d'être fan ou eux-mêmes ne sollicitent pas leur patron ou leurs supérieurs.
– Et puis c'est étonnant, ils ne veulent pas être amis avec leur chef mais pour autant ils sont plutôt fans de leur entreprise. Ils sont plutôt fiers de leur entreprise quand elle est présente sur les réseaux sociaux.
– Oui, ça, c'est assez incroyable ! Ils sont près de 40 % à être fans de leur entreprise sur Facebook, sur Linkedin ou bien suivre le fil Twitter…
– Et du reste ces entreprises montrent leur intention d'embaucher des gens pour s'occuper de leur présence sur les réseaux sociaux. Est-ce qu'au fond il est bon, quand son entreprise existe sur Facebook, sur Viadeo, sur Linkedin, qu'elle a un compte Twitter… est-ce que,

…/…
finalement, on peut recommander aux salariés de la suivre, d'être fan, de s'abonner à ces comptes ?
– Oui, on a tout à fait intérêt à le faire. S'abonner, simplement, ça peut présenter quelques risques pour la confidentialité. L'identité numérique ne se limite pas à un seul profil et toutes ces identités sont effectivement perméables entre l'existence personnelle et l'existence professionnelle, donc il faut quand même être prudent !

4 a) 1. informatif. 2. Depuis 2002. Non, ils ont fait moins de dégâts que prévu. 3. Ils présentent une information condensée qui n'est pas approfondie. 4. Les trois quarts ne lisent pas la presse nationale et 4 sur 5 ne lisent pas la presse régionale. 5. Oui, à cause de leur mobilité. 6. Les gratuits ont du succès car ils correspondent à une demande du grand public : culture d'accès facile et zapping. 7. On peut les lire aussi sur leur site web. 8. Devenir le quotidien préféré des jeunes actifs, et faire des applications sur smartphones et tablettes.
b) Production libre.
5 Production libre.

Outils pour... p. 42-43

› Exprimer la cause et la conséquence

1 La déclaration du Premier ministre va provoquer la colère des étudiants.
2 1. Des milliers d'Américains ont été contraints de quitter leur domicile à cause de l'ouragan Sandy. 2. En Angleterre, quatre femmes sur cinq craignent de conduire seules la nuit. C'est pourquoi une compagnie d'assurances a mis à leur disposition un passager gonflable. 3. Nous n'avons pas de télé à la maison, alors nous suivons l'actualité avec la presse écrite. 4. Suite à/Grâce à l'énorme succès de son iPod, Apple affiche des résultats records.
3 *Réponses possibles :* 1. Un homme a fait une rencontre amoureuse grâce à son défaut de prononciation : il est tombé amoureux de son orthophoniste. 2. Comme il a perdu son pari, il a dû acheter une caisse de champagne/Comme il a gagné son pari, il a reçu une caisse de champagne. 3. Suite à un banal accident de la route, des retrouvailles émouvantes ont eu lieu entre un homme et une femme qui s'étaient perdus de vue depuis plus de dix ans.
4 Production libre.

› Évoquer un événement non confirmé

5 1. Ce chanteur aurait fait plusieurs tentatives pour arrêter le tabac et l'alcool. 2. Le maire risque six mois de prison et 22 000 euros d'amende pour ses propos racistes. 3. Les longues silhouettes sur les podiums n'auraient plus autant de succès : la mode serait désormais aux rondeurs. 4. Le prix Nobel de littérature est attribué à un écrivain de nationalité chinoise. 5. Le président se représenterait comme candidat aux prochaines élections.
6 1. La reine d'Angleterre aurait la plus grande collection de timbres au monde. 2. Le pape prêterait son nom à un héros de dessin animé. 3. Un tableau volé il y a 41 ans aurait été retrouvé grâce au Web. 4. Un homme se serait marié 201 fois en 48 ans. 5. Des pompiers auraient été occupés pendant une semaine à sauver un chien.
7 Production libre.

DOSSIER 5

La vie au quotidien p. 44-45

1 a) 1c, 2b, 3c, 4b/c, 5a/c, 6b
b) Parce que c'est la mairie du député qui est à l'origine de ce projet de loi.
c) Tout le monde a le droit d'avoir un logement.
2 m'impliquer – dans le besoin – me sentir utile – exclues – aide – soutien – donner un coup de pouce – démunis – secourir – donner
3 1g, 2e, 3c, 4a, 5h, 6f, 7d, 8b
4 Production libre.

Outils pour... p. 46-47

› Aider et encourager

1 1. aide 2. main-forte 3. soutien/appui – assistance 4. solidarité 5. soutien/l'appui 6. coup de main 7. soutien/appui
2 *Réponses possibles :* 1. Une mère à son fils/sa fille qui va passer la dernière épreuve d'un concours ou d'un examen important. 2. Des sympathisants à un groupe de militants anti-OGM. 3. Des supporters à un sportif en pleine compétition. 4. Un jeune à son ami(e) au chômage, qui n'a reçu aucune réponse des entreprises qu'il/elle a contactées.
3 *Réponses possibles :* 1. Courage, ne perds pas confiance ! Je suis sûre que tu vas très vite retrouver un emploi. 2. Garde le moral… un de perdu, dix de retrouvés ! 3. Il ne faut pas désespérer. Tu vas bien finir par trouver un appartement. Si tu veux, je vais te donner un coup de main dans tes recherches.

› Promouvoir une action de solidarité

4 1. manière 2. cause 3. condition 4. temps/cause 5. manière
5 1. en donnant 2. offrant 3. En devenant 4. En faisant 5. ayant
6 Les étudiants ont rencontré les Roms en nettoyant la friche. Puis ils ont monté une association, l'Atelier solidaire, et ils se sont impliqués en construisant des petits chalets en bois, en installant des toilettes sèches. Ils ont aidé les Roms en apportant des bouteilles d'eau minérale, des fruits, des chaussures, en créant un jardin partagé avec les habitants du quartier, en installant des animaux comme des poules pondeuses, des chèvres, un cochon. Enfin, ils les ont soutenus en facilitant la scolarisation des enfants, en prévoyant un atelier d'alphabétisation pour les adultes, en demandant de l'aide à la Fondation de France. Ils les ont défendus en dénonçant leur expulsion et l'intervention des CRS.

Points de vue sur... p. 48-50

1 1. association – défendre – manifestations – dénonçons 2. pétition – organisation – adhéré – informer
2 Arguments pour : Les grèves font partie de la tradition française. – Le conflit déclenche la négociation. – Elles débouchent le plus souvent sur des négociations. – Elles sont efficaces. – C'est un mal nécessaire. – Il faut parfois une action forte pour faire bouger les choses.
Arguments contre : Les fonctionnaires des transports en commun abusent de ce droit et prennent les usagers en otage. – Les grèves peuvent être violentes (agressions envers des collègues non grévistes, séquestration d'un chef d'équipe, etc.). – Elles ne débouchent sur rien la plupart du temps. – Ça sert juste à faire du bruit.
3 Production libre.
4 a) 2. l'engagement des 15-30 ans 3. la loi du 01/07/1972 contre le racisme
b) 1. Une auxiliaire de vie scolaire aide les enfants handicapés à l'école. 2. 1 500 postes d'auxiliaires de vie scolaire supplémentaires ont été créés pour accompagner ces jeunes. Cette mesure est jugée insuffisante par les associations parce que les auxiliaires de vie scolaire sont essentielles à la scolarisation des enfants handicapés et qu'elles ont toujours un statut précaire.
c) 1. Vrai (ils s'y intéressent même si leur rapport à la politique a changé : ils n'adhèrent pas forcément à des partis ou à des syndicats mais ils sont prêts à manifester, faire signer des pétitions…). 2. Faux (ils s'engagent autant que leurs aînés, mais sur des causes plus précises). 3. Vrai (comme le problème de la précarité de l'emploi ou encore celui de l'accès au logement).
d) 1. un auxiliaire de vie scolaire 2. un statut précaire 3. s'engager 4. adhérer à un parti/un syndicat 5. des revendications

Transcription
– *Sans préjugés* aujourd'hui : la scolarisation des enfants handicapés, la génération des 15-30 ans, et un retour sur une date qui compte, le 1er juillet 1972.
La rentrée scolaire, c'était mardi pour tous les enfants, tous les enfants ou presque, puisque la scolarisation des enfants handicapés en milieu ordinaire reste difficile en France. D'après un rapport au Sénat de juillet 2012, 5 000 enfants sont encore obligés de rester chez eux, le plus souvent parce qu'ils n'ont personne pour les aider dans leur établissement scolaire. À la rentrée, 1 500 postes supplémentaires d'auxiliaires de vie scolaire ont été créés pour accompagner ces jeunes. Mais cette mesure est encore insuffisante pour les associations, qui dénoncent le statut précaire de ces auxiliaires, pourtant essentiels à la scolarisation des enfants handicapés.
L'invité de *Sans préjugés*, c'est Timothée Joasse, chargé d'étude et de recherche à l'Institut national de la jeunesse et de l'éducation populaire, coauteur avec Stéphanie Gobert de la *Planète des jeunes en France*.
Timothée, il y a beaucoup de préjugés qui courent sur les 15-30 ans, et notamment celui qui dépeint la jeune génération comme une génération désengagée, est-ce que c'est vrai, est-ce que c'est faux ?
– Écoutez, je pense que c'est faux. Je pense que les jeunes d'aujourd'hui sont tout aussi engagés que l'étaient les générations précédentes, ils sont par contre engagés de façon différente. C'est vrai que, par exemple, pour tout ce qui concerne la politique, on a souvent tendance à les considérer comme désengagés, désintéressés… je crois que c'est plutôt le rapport à la politique qui a changé…
– C'est-à-dire ?
– Eh bien ils se réapproprient de façon un peu différente l'expression démocratique : la pétition, la manifestation... Les jeunes d'aujourd'hui n'adhèrent pas forcément à un parti ou un syndicat. Par contre, ils s'engagent sur des causes plus précises. Il y a quelques exemples maintenant connus en France sur les questions autour de l'emploi ; je pense que le collectif Générations précaires n'est plus à présenter. Pour les grandes questions autour de l'accès au logement, je pense au collectif Jeudi noir par exemple, ou encore à d'autres collectifs. C'est sur ces revendications plus précises, peut-être plus concrètes, qu'ils forgent leur engagement.
– Merci Timothée Joasse. *Sans préjugés* : la date à retenir, c'est le 1er juillet 1972. Depuis

.../...
ce jour-là, l'expression du racisme n'est plus considérée comme une opinion mais comme un délit, puni par la loi, avec des peines pouvant aller de l'amende à l'emprisonnement ferme. La loi du 1er juillet 1972, c'était il y a quarante ans. Selon un sondage paru mercredi dans le journal *La Croix*, seulement un Français sur deux connaît l'existence de cette loi, qui punit la provocation à la haine ou à la violence raciste et l'injure ou la diffamation à caractère raciste.

5 a) 1. Morgane 2. Cris 3. Wassim 4. Abdelkader 5. Laura
b) *Réponses possibles :* 1. Ne pas vouloir voir les problèmes politiques, les nier. 2. La France a, par tradition, la réputation de défendre la démocratie. 3. On peut sans doute parler de réussite de l'intégration quand on peut faire un bilan positif de l'installation de la personne étrangère dans son pays d'accueil. 4. De nombreuses personnes font appel aux services sociaux et ceux-ci ont énormément de dossiers à traiter. 5. Les personnes dont les papiers ne sont plus valables sont mises dans une situation d'illégalité. 6. Fournir des papiers en fonction de la situation de chacun, de manière individuelle.

Outils pour... p. 51-53

› Exprimer des objectifs

1 1. ambitionne 2. la cible 3. l'objectif 4. cherchent à 5. vise à 6. ont l'intention de
2 1. Les publicitaires sont prêts à tout pour de l'argent. 2. Il est parti au Vietnam avec cette ONG dans le but de proposer des animations aux enfants/afin de se rendre utile. 3. Elle milite dans cette association afin de se rendre utile/de manière à ce que les droits de l'enfant soient pris en compte. 4. Ils ont manifesté pour faire pression sur les pouvoirs publics/pour que les choses évoluent dans les banlieues. 5. Un groupe de jeunes a créé un collectif pour que les choses évoluent dans les banlieues. 6. Elles sont allées dans des orphelinats en vue de/afin de proposer des animations aux enfants. 7. Elle a défendu les intérêts des agriculteurs en vue des prochaines élections.
3 a) *Réponses possibles :* 1. a pour vocation d' 2. L'objectif/La mission 3. lutte pour que 4. cherche à/milite pour 5. a pour objectif de 6. le but est de
b) Production libre.
4 Production libre.

› Exprimer la durée

5 1. pour – pendant – depuis 2. pendant – pour – Depuis – pour 3. pendant – pour 4. pour – pendant 5. pour – pendant
6 depuis – pendant – pour – (pendant) un an – de – à – il y a – en – en – dans/pour

DOSSIER 6

La vie au quotidien p. 54-55

1 a) représente – paysage – figurative – premier plan – surface – l'arrière-plan – distingue – contrastes – suggèrent – réalisme.
b) *Réponse possible :* l'air, la terre, l'eau.
2 1f, 2k, 3d, 4c, 5h, 6e, 7g, 8j, 9a, 10i, 11b
3 Production libre.
4 1. Les Journées européennes du patrimoine ont pour objectif de faire découvrir le patrimoine mobilier et immobilier de sa ville ou de sa région au plus grand nombre. La thématique de cette année est le patrimoine caché (d'habitude inaccessible ou sous terre). 2. Non, il s'agit d'un événement qui a lieu chaque année le 3e week-end de septembre. 3. On peut se renseigner en demandant le programme officiel en mairie ou télécharger des guides sur le site de « étudiant aujourd'hui ». 4. Cette citation signifie que, quand on veut découvrir de nouveaux paysages, il suffit de regarder les choses différemment. Commentaire libre. 5. Les six parcours proposés sont les suivants : Chemin du patrimoine, En coulisse, La face cachée des Archives, Jeune Public, Premières participations et ouvertures exceptionnelles, Lieux secrets et souterrains. Production libre.

Outils pour... p. 56-58

› Faire une interview

1 1. Quelle sera la taille du Père Noël de glace ? Combien de temps les sculptures sur glace resteront-elles en vie ? De quoi dépend la durée de vie des sculptures sur glace ? 2. Où Laurent Reynès a-t-il choisi d'installer son œuvre ? Quelle est la particularité de cette œuvre ? Selon Laurent Reynès, combien de temps son œuvre peut-elle dériver ? Dans quelle direction/Vers où s'est-elle dirigée ? 3. Combien de tonnes de glace/Quelle quantité de glace a-t-il fallu pour réaliser le Ice Kube Bar ? Qu'est-ce qui est mis à disposition des clients à l'entrée du bar ? Quelle est la température dans ce bar ? Quel est le prix d'entrée ? Combien de temps chaque client peut-il rester dans ce bar ?
2 1. Que fais-tu ce week-end ? 2. Comment est-ce que vous pensez vous rendre au spectacle ? 3. Où va-t-elle pour retirer les places du spectacle ?/Où est-ce qu'elle va pour retirer les places de concert ? 4. A-t-il déjà vu un spectacle de ce style ? 5. Pourquoi a-t-il arrêté les tournées ?
3 1. Pourquoi « abréviation » est-il un mot si long ? 2. Pourquoi n'y a-t-il pas de nourriture pour chat au goût de souris ? 3. Si je dors et que je rêve que je dors, faut-il que je me réveille deux fois ? 4. Pourquoi les moutons ne rétrécissent-ils pas quand il pleut ? 5. Comment les panneaux « Défense de marcher sur la pelouse » arrivent-ils au milieu de la pelouse ?
4 exposition – tableaux – éclairage – compositeur – morceau – pièce de théâtre – mise en scène – jeu – décor – réalisateur – dialogues
5 *Réponses possibles :* 1. Qu'est-ce que tu faisais avant de faire de la chanson ? 2. Tu voulais faire quelque chose de différent de tes parents ? 3. Tu es passionné de sciences ? 4. Tu aimes la BD aussi ? 5. Comment est-ce que ça s'est passé ? 6. comment vois-tu ton avenir ?/quels conseils est-ce que tu donnes ? 7. Qu'est-ce qui est le plus important pour toi dans la vie ? 8. Qu'est-ce que tu voudrais faire avant de mourir ?

Points de vue sur... p. 59-61

1 1+, 2–, 3+, 4–, 5+
2 Production libre.
3 a) *Télérama.* Mise en scène/Réalisation : inventive. Scénario/Histoire : une description pas du tout naïve des liens familiaux ou amoureux. Humour : « vache ». Jeu des acteurs : des comédiens parfaitement choisis.
Lucas. Scénario/Histoire : histoire simplette, insipide, pas vraiment surprenante. Le scénario aurait pu être plus approfondi. Humour : marche bien. Dialogues/Répliques : quelques répliques incisives. Jeu des acteurs : les acteurs sont bons. Denis Podalydès bon, surprenant. Les fillettes sont amusantes.
b) Production libre.
4 a) 1. Dans le conte de Perrault, Barbe Bleue est un homme très riche qui vit dans un château et qui a déjà eu plusieurs épouses, disparues mystérieusement. Pendant son absence, sa nouvelle épouse ouvre la porte d'une pièce, malgré l'interdiction de son mari. Elle découvre le cadavre des précédentes épouses. Barbe Bleue revient par surprise et s'apprête à l'égorger comme les précédentes.
Dans la version d'Amélie Nothomb, un noble espagnol, misanthrope et misogyne, s'est exilé en France et habite à Paris. Il choisit ses victimes parmi ses locataires. Il parvient à séduire une jeune fille belge (la première épouse de Barbe Bleue). Mais elle va prendre le dessus et le battre. La différence entre les deux versions, c'est le lieu et l'époque où cela se passe. De plus, la femme ne joue pas le même rôle. Elle est dominée dans la première, dominante dans celle d'Amélie Nothomb.
2. Les avis des critiques sont plutôt négatifs. Ils sont presque unanimes : seul l'avis d'un critique (Arnaud), qui essaie de défendre le roman, est plus mitigé.
3. Points positifs : le volume/format du livre (25 pages, ça se lit vite) – l'intérêt de partir d'un conte de Perrault et d'en faire une version « moderne » (c'est une bonne idée de revisiter le conte de Barbe bleue – c'est intéressant qu'elle ait fait de Barbe Bleue un grand d'Espagne) – l'humour (c'est drôle par moments).
Points négatifs : le snobisme (le livre est snob, il y a énormément de marques) – le manque d'intérêt de l'intrigue (c'est exaspérant, il n'y a pas de véritable travail romanesque et ça n'a absolument aucun intérêt) – le manque d'originalité du roman (il n'y a pas de véritable originalité – c'est prévisible comme le beaujolais nouveau – ça fait trop penser à un autre de ses romans – on a toujours la même structure) – le manque de cohérence/consistance par rapport à l'idée d'origine (AN ne suit pas sa première intuition – la première femme de Barbe Bleue, c'est son idée et elle ne l'exploite pas).
4. a. C'est ce que vous avez fait, Julia ? – Et toi, Daniel ? – Arnaud, qu'est-ce que tu en dis ? – Bon on va passer maintenant la parole à... – Bon, allez, un mot rapide, Jean-Marc ?
b. Je ne suis pas de votre avis, ça peut être drôle par moments ! – Moi, j'ai pas trouvé les 25 pages drôles.
b) 1. on va parler de 2. qu'est-ce que tu en dis ? 3. ça n'a absolument aucun intérêt 4. je ne suis pas de votre avis 5. laisse-moi terminer

Transcription
– Bonjour et bienvenue à nos auditeurs en direct du Salon du livre. Aujourd'hui, dans *Prête-moi ta plume*, on va parler du nouveau roman d'Amélie Nothomb, paru chez Albin Michel. L'auteur revisite ici le conte de Perrault en faisant de *Barbe Bleue* un grand d'Espagne exilé en France qui habite Paris et choisit ses victimes parmi ses locataires. Un livre qui a un mérite, c'est qu'il est assez bref, donc ça se lit vite... C'est ce que vous avez fait, Julia ?
– Oui... Revisiter *Barbe Bleue* pourquoi pas, c'est une bonne idée... Très vite, elle arrête *Barbe Bleue* d'ailleurs et elle passe à autre chose qui fait plutôt penser à *Peau d'âne*, un autre conte de Perrault, avec cette manière

.../...
de vouloir séduire une femme en lui offrant des robes. Le problème, c'est que c'est drôle 25 pages et que après... Après je trouve que ça devient très snob... En fait, le problème de ce livre, c'est qu'il est snob. C'est une sorte de traité de comment est-ce qu'on pourrait séduire une femme aujourd'hui et alors là c'est assez curieux. Donc, ça serait en lui offrant une robe, un homard, du champagne, beaucoup, beaucoup de champagne, et pas n'importe lequel hein, le champagne Laurent Perrier cuvée grand siècle, je le cite parce qu'il y a énormément de marques dans ce livre... Voilà c'est terrible...
– Et toi, Daniel ?
– Écoute, c'est toujours aussi exaspérant, et donc en un sens ça me rassure... le jour où un livre d'Amélie Nothomb m'étonnera par une véritable originalité, un véritable travail romanesque, alors là je ne sais pas, je ferai quelque chose de grave ! Quand on pense qu'il y a 250 000 manuscrits du même genre qui sont dans ses tiroirs attendant d'être publiés, c'est un peu vertigineux et ça n'a absolument aucun intérêt.
– Arnaud, qu'est-ce que tu en dis ?
– Ben, Amélie Nothomb, c'est comme le beaujolais nouveau, hein, c'est à la fois une institution et puis après on se demande : bon, ben, est-ce que ça sent la banane cette année, plutôt l'abricot, la framboise ? De quoi parle-t-elle, finalement ? C'est intéressant qu'elle ait fait de Barbe Bleue un grand d'Espagne, et elle, elle est belge, hein, parce que c'est toujours son double, en tout cas si c'est pas elle, c'est son double. En tout cas c'est une jeune fille belge. Bon, quel est le lien entre l'Espagne et la Belgique ? C'est la monarchie, c'est ces mariages royaux, alors elle parle finalement de ça, de ces liens entre l'Espagne et la Belgique, ces liens, oui, aristocrates. C'est un livre sur l'aristocratie, sur une manière aristocratique de vivre, avec du champagne. Et je ne suis pas de votre avis, ça peut être drôle par moments ! Mais, bon, le problème, c'est que ça fait trop penser à un autre de ses romans, *Hygiène de l'assassin*... c'est-à-dire qu'on a toujours la même structure, un homme un peu misanthrope qui essaie de séduire par sa misanthropie, voire sa misogynie, une jeune femme qui, au départ, est conquise et qui va se relever – dans son discours, c'est très théâtral, c'est quand même uniquement du dialogue – et qui va finalement le battre, comme on bat quelqu'un aux échecs, c'est l'histoire.
– Bon on va passer maintenant la parole à...
– Non, non, mais j'ai pas fini, laisse-moi terminer ! Bon au début il y avait une très bonne idée – mais, comme toujours chez Amélie Nothomb, elle ne suit pas sa première intuition, c'est ça qui est dommage –, c'est qu'il y a un paradoxe de Barbe Bleue, on connaît l'histoire, hein, les femmes ouvrent la porte qu'il ne faut pas ouvrir, on leur a dit, Barbe Bleue leur a dit « N'ouvre pas cette porte », évidemment elles vont l'ouvrir et en subir les conséquences. Mais pourquoi la première femme ? On comprend les autres, mais la première ? Donc, c'est le paradoxe de la première femme de Barbe Bleue et ça, c'est son idée et elle ne l'exploite pas.
– Bon allez, un mot rapide, Jean-Marc ?
– Oui rapide, je sais pas si ça sent la banane mais moi... bah j'ai pas trouvé les 25 pages drôles, alors je sais pas, j'ai peut-être pas compris, mais moi, c'est au-dessus de mes forces...

5 Production libre.

Outils pour... p. 62-63

› Donner ses impressions

1 1c, 2a, 3d, 4e, 5b
2 1. particulièrement 2. contrairement 3. complètement 4. excessivement 5. systématiquement 6. Heureusement
3 fréquemment – énormément – régulièrement – relativement – parfaitement – sont difficilement visibles – pratiquement – absolument – entièrement
4 Production libre.
5 1. permette 2. soit 3. n'est 4. puisse 5. sache 6. va dévorer
6 1. C'est l'histoire la plus émouvante que j'aie jamais lue. 2. C'est le premier concert baroque qu'elle ait autant apprécié/qu'elle apprécie autant. 3. Voici la seule toile qui n'ait pas été copiée. 4. C'est bien le dernier film que je veuille aller voir ! 5. C'est l'expo la plus nulle qu'on ait vue depuis longtemps. 6. C'est l'une des histoires les moins intéressantes que nous ayons entendues.
7 Production libre.

DOSSIER 7

La vie au quotidien p. 64-66

1 1. protection – nécessité – détruit – gestes – gaspiller – trier – utiliser – réflexes – planète – choix – portée
2. environnement – bio – nature – écolos – attention – cosmétiques – évite – plastiques
2 1a, 2d (les bouteilles en plastique sont transformées pour fabriquer des vêtements en fibre polaire – une veste avec 25 bouteilles –, du rembourrage d'oreillers, des couettes, des couches-culottes, des moquettes...), 3c, 4b (soit plus d'1 kg par jour, contre 320 kg par an il y a 15 ans), 5b, 6c (depuis le 01/01/2011, le crédit d'impôt « développement durable » est passé à 22 % de l'équipement, contre 50 %, puis 25 % auparavant)
3 Lieu de stage : Équiterre, Québec. – Durée : trois mois – J'ai compris l'importance des actions de sensibilisation auprès du grand public et j'ai acquis une expérience de terrain. – Par exemple, j'ai animé des kiosques et des conférences pour informer les gens... – De plus, j'ai participé à l'organisation de semaines d'éducation et d'information comme la Quinzaine du commerce équitable... – Je me suis également rendue dans des universités où j'ai rencontré les comités étudiants militant pour le commerce équitable. – Enfin, j'ai mis à jour le répertoire des points de vente de produits équitables et j'ai remarqué... – Le stage m'a donné l'occasion de m'intégrer dans une équipe sympathique et dynamique et j'ai apprécié l'atmosphère des réunions de travail, où la contribution de chacun a été valorisée. – J'ai trouvé cette expérience très profitable mais j'ai regretté que la durée du stage n'ait pas pu être prolongée. – Je suggère d'envisager des stages d'au moins six mois pour les futurs étudiants...
4 Production libre.
5 1. *bouteilles en plastique*, boîtes de conserve, bombes déodorantes, canettes de soda, flacons de shampoing, boîtes de céréales 2. *bouteilles en verre*, pots de confiture 3. *brochures*, journaux, mouchoirs en papier, magazines, annuaires téléphoniques 4. *branches*, tonte de gazon, épluchures de légumes, feuilles mortes 5. *ampoules électriques*, pots de yaourt, couches-culottes, sacs de supermarché, objets en porcelaine, miroirs et vitres cassés

Outils pour... p. 67-68

› Parler de l'avenir

1 vas partir – j'aurai – rejoindrai – c'est/ce sera – vas partir – reviendrai – j'aurai passé – j'aurai – serait – va se voir – vais être
2 1. Les gouvernements développeront les énergies renouvelables quand on aura amélioré le fonctionnement des éoliennes. 2. Il y aura moins d'émission de gaz à effet de serre quand les gens auront accepté de manger moins de viande. 3. On aura des activités moins polluantes quand on aura trouvé un moyen de mieux exploiter l'énergie solaire. 4. Nous nous rendrons compte du danger des centrales quand nous aurons connu un accident nucléaire.
3 Souhait : 2. Parole rapportée : 7. Reproche : 1. Regret : 3. Situation imaginaire : 4, 6. Information non confirmée : 4, 5.
4 1. auraient dû 2. j'aurais dû 3. pourrait 4. aurait

› Faire des hypothèses

5 1d, 2b, 3a, 4c, 5e
6 *Réponses possibles :* 1. Si les gens étaient plus responsables, il y aurait moins de problèmes écologiques dans le monde. 2. Si tous les pays riches limitaient leurs émissions de gaz à effet de serre, le réchauffement climatique diminuerait. 3. Si on s'était mobilisé il y a vingt ans, on n'en serait pas là aujourd'hui. 4. Si on ne chassait plus les éléphants et les gorilles, ils ne seraient plus menacés d'extinction. 5. Si j'achète des produits du commerce équitable, je contribue au développement des pays pauvres sans enrichir les intermédiaires. 6. Si on taxait systématiquement les bateaux polluants, la mer ne serait plus une poubelle.
7 *Réponses possibles :* 1. Si les gens ne jetaient pas leurs ordures n'importe où, les rivières seraient plus propres. 2. Si on ne faisait pas de manipulations génétiques, les fruits et légumes seraient moins beaux mais plus sains. 3. S'il n'y avait pas toutes ces usines, on respirerait mieux.

Points de vue sur... p. 69-71

1 a) 1f, 2h, 3e, 4d, 5a, 6c, 7b, 8g
b) 1. Faux (l'Antarctique est protégé depuis 1991 en tant que « réserve naturelle mondiale », mais pas l'Arctique). 2. Vrai (la banquise permet de modérer les températures sur tout le globe). 3. Vrai (cela représente 30 % des réserves de gaz et 13 % des réserves de pétrole pas encore découvertes dans le monde). 4. Faux (les compagnies pétrolières s'apprêtent à explorer le sous-sol mais elles n'ont pas encore commencé). 5. Faux (au contraire, c'est plus grave qu'ailleurs à cause des mauvaises conditions climatiques et de l'isolement géographique de cette région).
2 Production libre
3 1. Production libre 2. *Réponses possibles :* le traitement des déchets radioactifs, le traitement des ordures, les OGM, la déforestation.
4 a) 1b. 2a et c. 3. L'agroécologie est un système qui permet de faire de l'agriculture biologique et de réintroduire de la biodiversité. Par conséquent, le sol est de meilleure qualité et les agriculteurs peuvent augmenter leur production. 4. Le modèle actuel avec les pesticides et les engrais appauvrit le sol, et il est source de pollution et de dépendance énergétique. De plus, il ne permet pas de nourrir la planète. 5. Il faut trouver un système qui permette de nourrir la planète tout en respectant les ressources naturelles.
b) 1. agriculture biologique 2. biodiversité 3. sol 4. gaz et pétrole (entre autres) 5. contamination de l'eau

Transcription

– Dans le monde, plus de 900 millions de personnes ont faim. L'agriculture est-elle encore adaptée à ces besoins ? Non, selon notre invitée ce matin. Bonjour Marie Lechamp.
– Bonjour.
– Vous êtes journaliste. Pendant un an et demi vous avez rencontré des paysans du monde entier et vous venez de publier *Agroécologie, une moisson d'avenir.* Qu'est-ce que c'est que l'agroécologie, Marie Lechamp ?
– Alors l'agroécologie, c'est de l'agriculture biologique, c'est-à-dire qu'on n'utilise pas de pesticides et d'engrais chimiques. Mais c'est aussi un système où on essaie de réintroduire de la biodiversité. Donc il n'y a plus de monoculture, plus de spécialisation comme on en a aujourd'hui en Bretagne avec l'élevage des cochons. On mélange les cultures, les arbres et les animaux, tout ça pour avoir un sol d'excellente qualité, ce qui n'est malheureusement plus le cas aujourd'hui dans le système conventionnel, et on obtient – c'est ce que j'ai constaté – de très bons résultats.
– Des expériences existent depuis longtemps... Pourquoi est-ce que vous vous intéressez maintenant à ce sujet ?
– Parce que je pense, comme les experts de l'ONU d'ailleurs, qu'il faut changer de direction, il faut changer de modèle. Pourquoi ? Parce que les pesticides et les engrais sont fabriqués avec du gaz et du pétrole, et on sait très bien que le prix de ces énergies fossiles va augmenter. Donc ça, c'est une grande dépendance qui est lourde de conséquences pour l'agriculture française.
– Et puis y a la question de l'environnement aussi...
– Exactement. 14 % des gaz à effet de serre sont produits par ce modèle agroindustriel. On connaît aussi les conséquences sur l'environnement, la contamination de l'eau, tout ce que j'ai décrit dans d'autres enquêtes, et donc il faut trouver un système qui permette véritablement de nourrir la planète – ce qui n'est pas le cas aujourd'hui – tout en respectant les ressources naturelles. Mais cette agroécologie, ce n'est pas revenir à l'agriculture de nos grands-pères, c'est aussi un échange entre les paysans et leur savoir-faire et les scientifiques pour trouver des solutions avec des produits naturels.
– Alors comment ? Est-ce que vous pouvez donner un exemple ?
– Eh bien, on essaie de faire cohabiter des végétaux qui se rendent service les uns aux autres. Au Kenya par exemple on pratique le *push-pull* contre les insectes qui détruisent les cultures de maïs. D'un côté il y a une plante qui va repousser à cause de sa mauvaise odeur le petit papillon qui fait des dégâts dans le maïs, et il y a une autre plante aux abords du champ qui, elle, va attirer le papillon. Donc c'est formidable, c'est ce qu'on appelle le contrôle biologique des insectes ravageurs, et ça marche très bien ! Le paysan que j'ai rencontré, il a multiplié sa production par dix.

5 1. La première affiche est très pessimiste, elle représente un paysage désolé avec au premier plan un arbre mort auquel est accroché un sac plastique. La seconde affiche est beaucoup plus positive et montre un arbre en bonne santé. 2. C'est le même arbre sur les deux affiches, la photo semble prise au même endroit : avec ou sans pollution. Les affiches représentent deux avenirs possibles, l'un négatif, l'autre positif, selon les mesures prises individuellement et collectivement. 3. *C'est dans ma nature* : un parallèle est fait entre la nature et la nature de l'homme. 4. Cette campagne d'affichage dénonce l'utilisation des sacs plastiques et préconise celle du cabas, qui est réutilisable et ne pollue pas. Le sac plastique sur la première affiche représente un drapeau blanc et illustre le slogan *capituler, c'est pas dans ma nature* ; *capituler* dans ce contexte signifie *abandonner* le combat pour l'environnement. La seconde affiche montre qu'en changeant nos habitudes et en respectant l'environnement, on peut espérer un avenir meilleur, d'où le slogan *Bien vivre*.

Outils pour... p. 72-73

› Interdire et préserver

1 1. Il est interdit de porter des chaussures à talons (dans un gymnase). 2. Il est formellement interdit de manger ou de boire (dans un magasin de luxe). 3. Circulation interdite (dans une rue piétonne). 4. Jeux de ballon interdits (dans un jardin). 5. Interdit aux vélos (sur une autoroute). 6. Il est interdit de prendre des photos (dans un musée, une boutique, sur un site historique fragile). 7. Interdit aux chiens (dans un parc pour jeunes enfants). 8. L'utilisation des téléphones portables est strictement interdite (dans un avion, un hôpital). 9. Ne pas donner à manger aux animaux (dans un zoo). 10. Interdit aux moins de seize ans (sur une affiche de film).

2 *Réponses possibles :* 1. La pêche est interdite à cet endroit, il y a de nombreuses espèces protégées dans cette rivière ! 2. Tu ne dois pas jeter ton papier par terre, tu vois bien qu'il y a une poubelle juste à côté ! 3. Il est défendu de taguer le mur de ce musée qui est classé monument historique ! 4. La cueillette des fleurs est interdite dans ce parc, c'est une réserve naturelle.

› Substituer avec les pronoms *y* et *en*

3 1. des fleurs, des plantes 2. à la politique 3. au mariage 4. d'eau, de climatisation, de ventilateurs 5. à l'effet de serre, au réchauffement climatique 6. d'eau, de ressources naturelles.

4 *Réponses possibles :* 1. Je m'en désole mais vu les dégâts causés dans la nature, il faut s'y attendre ! 2. Je n'en avais jamais entendu parler, c'est un scandale, il faudrait renforcer les contrôles ! 3. Je m'en doutais et c'est pour cela que j'épluche tous les fruits et légumes avant de les manger 4. Il fallait s'en douter, je me demande ce qui pourrait faire que les politiques s'y intéressent davantage et qu'ils s'en préoccupent réellement en prenant des mesures concrètes.

5 1. s'y sont engagées/engagent. 2. en a installé/installe – y pénètrent 3. en sommes 4. y sont 5. j'y crois 6. en consommer 7. s'en rend compte 8. J'en reviens 9. en subit 10. pense à eux

DOSSIER 8

La vie au quotidien p. 74-76

1 été victime d'un vol – commissariat de police – déclarer le vol – porter plainte – rapporter les faits – coupable

2 1. accusé 2. assises 3. garde à vue 4. réquisitoire 5. témoin 6. tribunal
a. jugement b. crime c. avocat d. verdict e. verbaliser f. sursis g. prison

3 1. Vrai (il a été enseignant à l'université et collaborateur d'expert judiciaire). 2. Vrai (la première mission de ce magistrat est d'établir la manifestation de la vérité). 3. Vrai (c'est le mélange de ces facettes, mêlant enquête, droit et humanité). 4. Faux (il recueille des éléments sur la personnalité des personnes impliquées. Cet aspect de la mission la rend humainement passionnante). 5. Faux (parmi les tâches concrètes qu'il réalise comme la conduite d'interrogatoires, il rédige aussi des actes juridiques). 6. Vrai (il recueille des éléments auprès des enquêteurs, des experts, des avocats). 7. Faux (la fonction de juge d'instruction est exigeante, mais elle permet d'aller au fond des choses). 8. Vrai (son objectif est de réunir tous les éléments permettant au tribunal de condamner justement un homme).

4 1. Peut-on faire confiance à la justice ? 2. Le suspect était déjà en prison. 3. Manifestation pour un meilleur accès des citoyens à la justice.

5 1f, 2c, 3d, 4h, 5g, 6a, 7e, 8b

6 Production libre.

Outils pour... p. 77-78

› Exprimer des doutes et des certitudes

1 1. fasse 2. soit 3. n'ont pas 4 ont 5. faille 6. a

2 Production libre.

› Utiliser des outils de substitution

3 1d, 2a, 3b, 4f, 5e, 6c

4 1. Oui, il la lui a remise. 2. Non, il ne le leur a pas avoué. 3. Non, il ne lui en a pas donné. 4. Oui, il a pu leur en fournir. 5. Non, ils ne les lui passent pas. 6. D'accord, je vais vous la dire.

5 1. a. L'avocat de la défense le leur a présenté. b. L'avocat de la défense a présenté le dossier aux jurés. 2. a. Les policiers l'y ont conduite. b. Les policiers ont conduit l'accusée au commissariat de police. 3. a. L'accusé n'a pas voulu le lui dire. b. L'accusé n'a pas voulu dire le nom de son complice à l'inspecteur. 4. a. Les experts lui en ont communiqué les conclusions. b. Les experts ont communiqué les conclusions du rapport d'analyse au procureur.

6 1. Emmenez-les y ! 2. Montre-les-moi ! 3. Accordons-la-lui ! 4. Dites-le-leur ! 5. Parle-lui-en !

7 vous – lui en avais parlé – ne m'en avait pas prêté – s'en est rendu compte – les lui – me l' – ne le lui ai pas dit – le

Points de vue sur... p. 79-80

1 a) 1. On y trouve un centre éducatif fermé pour mineurs délinquants récidivistes. 2. Deux personnes.
b) 1. Vrai (ce sont des jeunes multirécidivistes placés ici par la justice). 2. Faux (on est loin de l'univers carcéral – ça n'a rien à voir avec une prison – ce n'est pas un centre de détention). 3. Faux (il n'y a pas de gardes). 4. Vrai (une relation entre éducateurs et pensionnaires...). 5. Faux (il y a deux jeunes qui seront rejoints par trois autres mineurs). 6. Vrai (6 jeunes sur 10 ne récidivent pas dans l'année qui suit leur départ).
c) 1. cette bâtisse 2. des multirécidivistes 3. une alternative 4. un lieu de détention 5. un pensionnaire

Transcription

– Vu de l'extérieur, le numéro 12 de la rue Edith Wharton à Saint-Brice ne donne que peu d'indications sur sa nature. Il serait difficile de deviner qu'il s'agit d'un centre éducatif fermé pour délinquants mineurs. Seule une grille sépare cette bâtisse du monde extérieur, une sécurité nécessaire pour les pensionnaires du lieu, des mineurs multirécidivistes placés ici par la justice. On propose à ces jeunes délinquants une alternative à la détention. L'environnement est sécurisé, mais on est loin de l'univers carcéral classique. On écoute Raphaël Colin, de la protection judiciaire de la jeunesse – Val d'Oise.

– Les jeunes n'ont pas le droit de sortir, ils le savent, ça leur est dit, ça leur est répété. Ils n'ont pas le droit de sortir du centre. Mais bien évidemment, il n'y pas de miradors, il n'y a pas de gardes, c'est pas... ça n'a rien à voir avec une prison, ce n'est pas un lieu de détention. C'est un lieu d'éducation.

– Autour d'une partie de babyfoot ou d'un atelier créatif, ici, tout est bon pour faire réfléchir les jeunes sur leur comportement et leur rapport à la société ; une relation entre éducateurs et pensionnaires qui se poursuit en classe, l'occasion de construire un projet éducatif pour chaque mineur. Philippe Mercier, vous dirigez le service éducatif de ce centre. Quel est le rôle des éducateurs ici ?

– On va mettre en place un certain nombre d'activités éducatives, pour remobiliser le jeune, autour de tout ce qui est de l'ordre de l'acquisition de compétences fondamentales, de savoirs fondamentaux, pour pouvoir consolider ce qu'il a déjà appris mais qu'il n'utilise pas.

– Quelques jours après son ouverture, le centre éducatif fermé accueille pour l'instant deux jeunes pour une durée de six mois, renouvelable une fois. Ils seront prochainement rejoints par trois autres mineurs délinquants. Pour tous, ce placement est une seconde chance qui s'offre à eux. Six jeunes sur dix qui sortent d'un centre éducatif fermé ne récidivent pas dans l'année qui suit leur départ, c'est-à-dire qu'ils n'ont plus de problème avec la justice.

2 1. huissier 2. interpelle 3. garde à vue 4. témoin 5. interrogatoire 6. homicide

3 1. Cet article parle du problème de la délinquance chez les jeunes : comment la justice doit-elle répondre face aux actes graves de violence chez les mineurs ? 2. P. Méhaignerie est plutôt défavorable à la prison pour les jeunes délinquants, sauf s'il n'y a pas d'autres solutions et à condition qu'ils ne soient pas mélangés avec des adultes. 3. P. Méhaignerie propose des alternatives à la prison : des structures de type un peu militaire comme les maisons familiales rurales, les internats, ou encore l'armée. 4. Les pédagogues peuvent intervenir dans les maisons familiales rurales pour encadrer les jeunes, pour les éduquer en leur proposant des activités et en leur faisant accepter la discipline.

4 a) 1. La lenteur de la justice et des procédures judiciaires. 2. Pour une justice égale pour tous, sans différenciation.
b) Production libre.

Outils pour... p. 81-83

› Situer des événements dans un récit

1 1g, 2d, 3f, 4a, 5h, 6c, 7b, 8i, 9e

2 le lendemain – la veille au soir – Ce soir-là – Cinq mois plus tard – l'année suivante – Treize ans plus tôt – trois mois plus tard – Depuis ce temps-là – La même année

3 *Production possible :* En octobre 1894, le capitaine Alfred Dreyfus, un officier juif alsacien, est arrêté. Le mois précédent, un document révélant des secrets militaires a été intercepté par le service du contre-espionnage français. Son écriture ressemble à celle du document. Trois mois après son arrestation, il est jugé à huis clos par les juges du Conseil de guerre : il est condamné à être déporté à vie sur l'île du Diable en Guyane. Trois ans plus tard, le nom du vrai traître, Esterhazy, est publié et le vice-président du Sénat demande la révision du procès ; celle-ci aboutit à l'acquittement d'Esterhazy dans les mois suivants. Le lendemain de l'acquittement, Zola réagit et publie une lettre, « J'accuse », dans le journal *L'Aurore*, lettre dans laquelle il dénonce l'antisémitisme de tous les responsables impliqués. À peine quelques semaines plus tard, Zola est jugé pour diffamation. Ses efforts n'auront pas été vains puisque, un an et demi plus tard, en septembre 1899, Dreyfus est jugé à nouveau. Il est cette fois condamné mais avec des « circonstances atténuantes ». Il sera gracié le même mois, puis enfin réhabilité en 1906.

› Faire une démonstration

4 tout d'abord – et puis – alors – D'autre part – finalement – donc

5 1c (C'est le dénouement car on apprend qui est le coupable.) 2. Le commissaire Maigret et un suspect, qui a découvert le corps de Nina en premier. Ils parlent du coupable, Marcel Vivien. 3. a. la maison de Nina b. le client du bistrot et la concierge c. Nina d. l'étranglement de Nina e. la jalousie f. Vivien et l'autre homme g. Marcel Vivien h. aucune, à mains nues

6 Production libre.

DOSSIER 9

La vie au quotidien p. 84-86

1 1. préfère prendre l'avion – prépare mon voyage sur Internet – choisis des destinations lointaines – j'emporte beaucoup d'affaires – visiter des lieux touristiques 2. j'emporte le strict nécessaire – sortir des sentiers battus – recherche des endroits insolites – planifie l'itinéraire – d'aller à l'aventure 3. voyager en voiture – fait plusieurs haltes – suis curieux de tout – communiquer avec les gens – se débrouille

2 1. la voiture y est interdite, on peut louer un VTT ou se déplacer à pied. 2. une nature jalousement protégée, île de la Méditerranée, un territoire minuscule, des falaises et des criques au sud de l'île, les vignobles, de superbes vues et des chemins bordés de pins et d'eucalyptus. 3. présence d'anciens forts militaires et de sites archéologiques 4. doux l'hiver avec des températures agréables en toute saison 5. on peut déguster des oursins ou autres crustacés

3 1e, 2b, 3a, 4c, 5d

4 1d, 2l, 3i, 4h, 5b, 6m, 7f, 8a, 9e, 10c, 11k, 12j, 13g, 14n

5 Production libre.

Outils pour... p. 87-88

› Utiliser des indéfinis

1 1. La plupart des habitants sont très accueillants avec les touristes. 2. Louis aime beaucoup voyager, il est déjà allé (un peu) partout dans le monde ! 3. Cette montagne est sans danger/n'est pas dangereuse, tout le monde peut s'y aventurer sans guide. 4. Vous ne trouverez des offices de tourisme nulle part dans la région/Vous ne trouverez aucun office de tourisme dans la région.

2 1. tous – aucune 2. n'importe qui 3. plusieurs – n'importe quelle 4. La plupart – rien 5. partout – tout 6. certains – d'autres – personne

3 *Réponses possibles :* 1. Oui, il y en a partout. 2. Oui, j'en connais plusieurs/quelques-unes/certaines. 3. Aucune préférence, c'est vous qui choisissez ! 4. Non, mais n'importe lequel sera très bien.

› Utiliser des négations

4 1. Cela fait parfois du bien de ne rien faire. 2. Je ne repartirai plus jamais en voyage avec cette valise. 3. Personne ne peut être indifférent à la beauté du paysage. 4. Ils n'avaient encore rien visité, ni le château, ni la vieille ville. 5. Il ne me reste plus qu'à espérer que je n'aie rien oublié !

5 a) Description : on voit une femme en train de lire un livre dans un fauteuil ; elle est assise en tailleur et semble décontractée. Autour d'elle, on voit des dessins évoquant les vacances, l'évasion, la plage : la mer, les vagues, un bateau et une tong. Cette image publicitaire illustre l'opposition entre « être ici » et « être ailleurs ». Message : la lecture d'un livre de la collection Folio permet de voyager, de s'évader. La publicité utilise la métaphore de la croisière, d'où le verbe « embarquer » du slogan. Elle évoque le fait que, grâce à la lecture, on peut être mentalement dans plusieurs endroits à la fois.
b) *Réponses possibles :* 1. Rien ne me fait voyager comme la musique classique. 2. Personne ne m'impressionne comme les navigateurs en solitaire. 3. Aucune ville au monde ne me plaît comme Kyoto.

6 *Production possible :* Salut ! Je viens de rentrer de vacances et je suis dégoûté(e) : les séjours tout compris, plus jamais !... J'avais réservé une chambre double climatisée dans un hôtel de luxe. À notre arrivée à l'aéroport, il n'y avait personne pour nous accueillir. Au bout de trois heures, on a fini par trouver l'hôtel mais il n'y avait plus aucune chambre avec la climatisation ! On nous a donné une chambre double toute simple et, donc, on n'avait pas de terrasse et encore moins de vue sur les montagnes... Par contre, on avait une vue imprenable sur le mur de l'hôtel voisin et il faisait une chaleur insupportable dans cette chambre ! On voulait faire du tennis mais il n'y avait plus aucun court disponible, et le terrain de golf était minuscule et pas entretenu ! La piscine n'était pas très belle non plus, l'eau était froide et personne n'avait envie de s'y baigner... Mais ce n'est pas fini : on s'est renseigné pour faire des visites guidées et des circuits dans le désert mais, là encore, aucun guide n'était disponible. Du coup, on n'a rien fait, rien vu, rien visité ! Bref, un séjour nul ! C'était loin d'être le paradis dans cet hôtel !

Points de vue sur... p. 89-90

1 a) 1. Stéphane est originaire de Nantes. 2. Il a voyagé pendant un an. 3. Il est resté six mois en Asie et six mois en Amérique du Sud.
b) 1. Vrai (il avait fait des économies et il a autofinancé son voyage). 2. Faux (il a voyagé dans quatre pays d'Asie et dans six pays d'Amérique du Sud). 3. Faux (il n'a fait aucune rencontre avec des Occidentaux). 4. Vrai (il parle de décalage culturel et dit que ses sens ont été bousculés, maltraités aussi). 5. Vrai (il dit qu'au niveau des montagnes et des paysages, c'était très impressionnant). 6. Faux (il dit qu'il a été très peu malade, seulement deux jours en Inde et un jour en Bolivie). 7. Vrai (il dit que ce voyage lui a permis de prendre du temps pour lui et de ressentir un immense sentiment de liberté).
c) 1. une année sabbatique 2. les locaux 3. épuisant 4. aux antipodes 5. se faire détrousser 6. des treks

Transcription

– Radio France Bleu Loire Océan, bonjour. J'ai le plaisir d'accueillir aujourd'hui Stéphane, qui va nous parler de son tour du monde, réalisé entre septembre 2011 et septembre 2012.
Bonjour Stéphane, pouvez-vous vous présenter à nos auditeurs ?
– Bonjour, alors, j'ai 41 ans et je suis Nantais. Jules Verne et son *Tour du monde en 80 jours* m'ont toujours fasciné depuis ma plus tendre enfance. Je suis informaticien et, l'année dernière, pour fêter mes 40 ans, j'ai pris une année sabbatique et je suis parti faire un tour du monde. J'avais fait des économies et, donc, j'ai autofinancé mon voyage.
– Racontez-nous un peu votre trajet et votre voyage dans les grandes lignes.
– Alors, en fait, je n'ai pas fait un tour du monde complet, car je ne suis pas allé sur tous les continents, j'ai voyagé à travers l'Asie et l'Amérique du Sud. En tout, mon voyage a duré un an : six mois en Asie, principalement en Chine et en Inde, mais aussi dans le sud du Vietnam et en Malaisie. Puis, j'ai voyagé six mois en Amérique du Sud : Chili, Argentine, Pérou, Bolivie, Équateur, Colombie.
– Les meilleurs moments de votre voyage ?
– En Asie, ça a été en Chine et en Inde au niveau de la découverte et du ressenti. Dans le nord-ouest de la Chine, dans le Ganzhou, on se sent vraiment perdu, dépaysé dans tous les sens du terme. J'ai communiqué avec les locaux grâce à quelques mots de chinois et je n'ai fait aucune rencontre avec des Occidentaux. Même sensation de dépaysement en Inde mais pour des raisons différentes. Là, c'est le décalage culturel, les sens sont bousculés, maltraités aussi. On est dans un tout autre univers, plein de contrastes. J'avais le sentiment d'être ailleurs, aux antipodes de ma vie quotidienne. En Amérique du Sud, excepté pour la Bolivie, les différences culturelles sont moins importantes, c'est ambiance latino un peu partout. Par contre, au niveau des montagnes et des paysages, c'était très impressionnant !
– Les pires moments ?
– J'ai eu très peu de problèmes. Les moments les plus difficiles au niveau fatigue ont été les enchaînements de bus en Chine et en Inde. C'était épuisant ! J'ai passé d'interminables heures dans le bus ! Mais ce qui est formidable aussi, c'est que j'ai fait des rencontres étonnantes ! Sinon, j'ai été très peu malade, seulement deux jours en Inde et une journée en Bolivie. Mais, tant que les aliments sont cuits, ça va, on ne risque pas grand-chose. Côté sécurité, ça m'est arrivé de me faire voler des affaires. Il faut faire très attention quand on voyage seul. Le soir, en périphérie de certaines villes, on risque de se faire détrousser. Mais globalement, pour moi et tous les voyageurs que j'ai rencontrés, ça se passe bien. Il faut juste écouter les locaux et suivre leurs conseils.
– Qu'est-ce que ce voyage vous a apporté ?
– Je voulais tellement découvrir le monde moi-même, apprendre des autres cultures en les rencontrant vraiment ! Ce voyage m'a donc permis d'apaiser ma soif de curiosité et de relativiser ma vision de certains pays que j'ai visités. J'ai vraiment pu prendre conscience que, malgré des différences culturelles fortes, nous avons tous les mêmes réflexes ; il y a malgré tout des valeurs universelles. Et puis, ce voyage m'a aussi permis de prendre du temps pour moi et de ressentir un immense sentiment de liberté. Enfin, ce voyage m'a apporté de grands plaisirs, beaucoup de rencontres et d'histoires, des treks magnifiques. J'ai adoré marcher seul en montagne, atteindre mes propres limites physiques et psychologiques.

2 a) 1. circuit 2. désert 3. bagage 4. coutume
b) 1. aventure 2. découvertes 3. destination lointaine 4. décalage horaire

3 1. Il s'agit d'un tour du monde à la voile en solitaire. 2. La distance totale est de 45 000 km. 3. On surnomme cette course l'Everest des mers. 4. Non, la course a lieu tous les quatre ans et en 2012, c'était la 7e édition. 5. La course passe par les trois grands caps : le cap de Bonne-Espérance, le cap Leeuwin et le cap Horn.

4 *Réponses possibles :*
1. Le voyage organisé. *Avantages :* un voyage organisé est rassurant, confortable et pratique parce qu'il y a un guide qui explique tout, parfois même dans sa langue. On n'a rien à préparer car tout est décidé à l'avance. Cette façon de voyager peut aussi permettre de faire des rencontres sympathiques au sein du groupe. *Inconvénients :* on n'est pas libre d'aller où l'on veut, on est toujours dépendant du guide, les horaires peuvent être contraignants. Parfois, on visite très vite et superficiellement et on ne rencontre pas facilement les gens du pays.
2. Le voyage à l'aventure. *Avantages :* un voyage en auto-stop est bon marché et on peut faire des rencontres surprenantes. On peut prendre son temps, on est libre de son rythme et de ses étapes. On a un véritable sentiment d'aventure. *Inconvénients :* c'est fatigant, cela peut être un peu dangereux parce qu'on risque de tomber sur des gens mal intentionnés. On ne peut rien planifier et on n'est pas sûr d'arriver à destination.
3. Le bain culturel. *Avantages :* un séjour à l'étranger en vivant avec la population locale permet de rencontrer vraiment les habitants du pays et de tisser des liens, de découvrir une autre culture en profondeur, de vivre des expériences uniques. *Inconvénients :* ce n'est pas toujours confortable, le choc culturel peut être très fort et difficile à dépasser, c'est frustrant quand on ne parle pas bien la langue du pays, on risque d'être considéré comme un étranger et l'immersion n'est pas toujours facile et réelle.

Outils pour... p. 91-93

› Faire des recommandations

1 *Réponses possibles.* 1c, 2b, 3e, 4a, 5d

2 1. Il est indispensable de partir avec un guide pour explorer des endroits où les animaux peuvent présenter des dangers. 2. Évitez de voyager aux heures chaudes et privilégiez la découverte avec un guide ! 3. Il est essentiel d'être bien équipé contre le froid et la pluie et de porter de bonnes chaussures de marche, et il est recommandé de ne pas faire de randonnée si le temps est mauvais. 4. Soyez attentif aux pickpockets dans les lieux très touristiques ou dans les transports publics ! Il vaut mieux ne pas porter d'appareil photo en bandoulière et ne pas avoir beaucoup d'argent liquide ou d'objets de valeur sur soi. 5. Évitez de vous baigner ou de pratiquer un sport nautique sans vous être assuré que cela ne représente pas un danger pour vous. Il est préférable de toujours se renseigner sur l'état de la mer et sur la présence ou non d'animaux dangereux. 6. Il est souhaitable de ne pas se charger inutilement quand on voyage en avion. Sachez aussi qu'il existe de faux chauffeurs de taxi et de faux guides qui attendent les touristes à l'aéroport et qui vous feront payer très cher leurs services.

3 1. Quand vous arrivez à destination dans le train, l'autocar ou le taxi. 2. Quand vous parlez avec un(e) Français(e). 3. Si vous vous déplacez dans certains pays au réseau ferroviaire peu développé. 4. Dans un quartier inconnu, peu éclairé et peu fréquenté. 5. Dans une église, dans le train, dans le métro, dans un magasin, un restaurant ou encore avec un téléphone portable (en France).

› Faire une narration au passé

4 avais – était – avaient réservé – sommes partis – était – avait passé – avait préparé – mangerions – attendions – est arrivée – sommes montés – a démarré – nous sommes arrêtés – a dormi – sommes arrivés – était – ne pouvait pas voir – s'arrêtait – ne savais pas encore – ne me baignerais pas – y a eu – n'ai pas pu me baigner

5 1. naquit – mourut 2. a été 3. a cherché – a fait 4. descendirent – coururent 5. eut – allèrent

6 a) nomination, être nommé, il fut nommé – participation, participer, il participa – voyage, voyager, il voyagea – exploration, explorer, il explora – retour, revenir, il revint – séjours, séjourner, il séjourna – départ, partir, il partit – assassinat, être assassiné, il fut assassiné
b) *Production possible :* James Cook naquit en Angleterre en 1728 dans une famille modeste. Il fut embauché dans la Royal Navy à l'âge de 27 ans. En 1759, il fut nommé à la tête d'un navire et il participa au siège du Québec. En 1768, il voyagea vers Tahiti, puis en direction de la Nouvelle-Zélande et, deux ans plus tard, il explora l'Australie. Il revint alors en Angleterre. Dans les années qui suivirent, il séjourna à de nombreuses reprises dans les îles de l'Océanie en compagnie de scientifiques, d'astrologues et de botanistes. C'est en 1776 qu'il partit d'Hawaï vers le nord pour chercher, en vain, un « passage arctique ». Il fut assassiné par un Hawaïen en 1779.

7 *Production possible :* Le voyage commença un matin d'avril. Isabelle voulait découvrir le monde en commençant par l'Asie, l'Orient. Elle prit l'avion et arriva en Inde, sa première destination. Elle visita Bombay et New Delhi. Elle fut éblouie par la splendeur du Taj Mahal, à Agra. Puis elle partit en direction du Cambodge, pour découvrir les temples d'Angkor. Elle n'avait jamais rien vu d'aussi impressionnant. Après l'histoire millénaire d'Angkor, elle fut plongée dans la modernité de Hong Kong. Elle rencontra des gens très sympathiques qui lui firent visiter la ville. Ils étaient propriétaires d'un restaurant français et l'embauchèrent comme serveuse. Elle y travailla pendant un mois. En juillet, elle prit l'avion pour l'Extrême-Orient et atterrit à Osaka, au Japon. Puis elle arriva à Kyoto. Ce fut le dépaysement total. Heureusement, elle avait des amis sur place qui la guidèrent dans ce pays fascinant et mystérieux. Au bout de quelques jours, elle trouva une famille japonaise qui cherchait une jeune fille française pour garder son petit garçon de deux ans. Elle travailla donc comme baby-sitter, puis comme professeur de français dans une école de langues pour adolescents. Elle en profita pour apprendre un peu de japonais. Puis elle repartit pour la Nouvelle-Calédonie et passa deux semaines au bord de la mer à se reposer, sur de magnifiques plages. Elle voulut ensuite connaître l'Amérique du Sud et choisit d'aller au Pérou. Elle prit le train et monta à pied jusqu'au temple du Machu Picchu. Là encore, elle fut éblouie par autant de beauté architecturale en pleine cordillère des Andes. Elle visita un peu le pays et reprit son voyage autour du monde le 15 octobre. Elle finit par le continent africain. Elle atterrit au Mali et s'engagea aussitôt dans une ONG humanitaire. Pendant deux mois, elle s'occupa d'enfants orphelins. Ce fut une expérience très dure mais passionnante. Enfin, elle termina son périple par une randonnée dans le désert mauritanien. Elle rentra chez elle le jour de Noël. Un beau cadeau pour ses proches !

Portfolio Dossier 1

	À l'oral		À l'écrit	
	Acquis +	En cours d'acquisition +/–	Acquis +	En cours d'acquisition +/–
Je peux comprendre				
– un extrait de conte traditionnel			○	○
– le code vestimentaire d'une banque			○	○
– un mail pour demander des informations et des conseils			○	○
– les recommandations d'un coach pour réussir un entretien d'embauche	○	○		
– une page de journal intime			○	○
– un mail faisant des éloges à la suite d'une promotion			○	○
– un article de magazine sur l'image de soi et la chirurgie esthétique			○	○
– des témoignages pour ou contre la chirurgie esthétique	○	○		
– une lettre de rupture			○	○
– un court extrait de pièce de théâtre			○	○
– quelqu'un qui parle de son apparence	○	○		
– quelqu'un qui donne des instructions et des conseils vestimentaires	○	○		
– quelqu'un qui décrit les traits de personnalité et les aptitudes professionnelles d'une personne			○	○
– quelqu'un qui parle de transformations par la chirurgie esthétique			○	○
– quelqu'un qui fait des suggestions			○	○
– quelqu'un qui exprime des sentiments d'amitié et d'amour			○	○

	À l'oral		À l'écrit	
Pour m'exprimer et interagir, je peux				
– imaginer la fin d'un conte			○	○
– décrire mes comportements en ce qui concerne mon image	○	○		
– donner des conseils et des instructions vestimentaires	○	○		
– prendre position sur un choix vestimentaire	○	○		
– demander des informations par mail			○	○
– caractériser quelqu'un, parler de sa personnalité et de ses comportements professionnels (qualités et défauts)			○	○
– faire des éloges dans une situation professionnelle	○	○	○	○
– échanger sur un sujet de société concernant l'importance de l'image	○	○		
– échanger sur l'influence de l'image chez les adolescents et les personnalités politiques	○	○		
– raconter une rencontre ou une rupture en exprimant mes sentiments	○	○	○	○
– interpréter une courte scène de théâtre sentimentale	○	○		
– rédiger un programme de formation pour valoriser son image			○	○

Portfolio Dossier 2

	À l'oral		À l'écrit	
	Acquis +	En cours d'acquisition +/–	Acquis +	En cours d'acquisition +/–
Je peux comprendre				
– un extrait de roman de Georges Perec			☐	☐
– un site d'achat sur Internet			☐	☐
– un mail de réclamation et la réponse à ce mail			☐	☐
– une enquête sur les habitudes des consommateurs	☐	☐		
– des publicités caractérisant une innovation			☐	☐
– différents points de vue sur la consommation			☐	☐
– un article d'information sur deux sites de vente sur Internet			☐	☐
– un sketch humoristique			☐	☐
– quelqu'un qui explique des actions à faire sur un site Internet	☐	☐		
– quelqu'un qui parle de ses habitudes d'achat et fait des comparaisons	☐	☐		
– quelqu'un qui fait une réclamation à propos d'un achat			☐	☐
– quelqu'un qui parle du rapport à l'argent des étudiants de son pays	☐	☐		
– quelqu'un qui négocie le prix d'un achat en ligne	☐	☐		
– quelqu'un qui vante les qualités d'un produit	☐	☐		
– quelqu'un qui met en garde à propos d'un achat en ligne	☐	☐		
– quelqu'un qui rapporte les paroles d'une autre personne	☐	☐		
Pour m'exprimer et interagir, je peux				
– parler de mes habitudes d'achat	☐	☐		
– acheter sur un site d'achat			☐	☐
– écrire un mail de réclamation			☐	☐
– raconter un achat			☐	☐
– faire des comparaisons	☐	☐		
– caractériser un objet ou une innovation			☐	☐
– donner mon avis sur la consommation	☐	☐		
– donner mon opinion sur un mode d'achat	☐	☐		
– discuter un prix et vanter un produit	☐	☐		
– mettre en garde à propos d'un achat en ligne	☐	☐	☐	☐
– rapporter les propos d'une autre personne	☐	☐	☐	☐
– réaliser un exposé sur comment consommer moins cher	☐	☐	☐	☐

Portfolio Dossier 3

	À l'oral		À l'écrit	
	Acquis +	En cours d'acquisition +/–	Acquis +	En cours d'acquisition +/–
Je peux comprendre				
– un texte littéraire qui relate une histoire d'apprentissage			○	○
– un formulaire d'inscription dans une université française			○	○
– une demande de conseils dans un courrier des lecteurs d'un journal étudiant			○	○
– des témoignages d'étudiants partis étudier à l'étranger			○	○
– des conseils pour s'intégrer dans un contexte scolaire français	○	○		
– des articles sur l'apprentissage et l'échange de savoirs			○	○
– une annonce présentant l'histoire d'une institution universitaire			○	○
– une annonce sur un lieu de pratique de langues étrangères			○	○
– des échanges critiques sur l'université en France et au Japon	○	○		
– des témoignages sur les études à l'université et dans les grandes écoles			○	○
– un tract de protestation			○	○
– un extrait de théâtre variant les formes d'expressivité			○	○
– quelqu'un qui raconte un souvenir d'enfance lié à la transmission d'une expérience			○	○
– quelqu'un qui présente son itinéraire scolaire et professionnel	○	○		
– quelqu'un qui relate son expérience d'études dans un pays étranger	○	○		
– quelqu'un qui donne des informations sur le fonctionnement de l'université et des écoles françaises	○	○		
– quelqu'un qui parle de son goût pour la lecture	○	○		
Pour m'exprimer et interagir, je peux				
– présenter mes manières d'apprendre et de mémoriser	○	○		
– relater mon parcours scolaire et professionnel	○	○		
– expliquer les procédures d'inscription dans une université française			○	○
– donner mon opinion sur la lecture	○	○		
– indiquer les modalités d'apprentissage dans mon pays	○	○		
– défendre mes goûts en matière de lecture et d'apprentissage	○	○		
– transmettre mes expériences et les valoriser	○	○		
– donner des conseils et suggérer différents moyens pour apprendre	○	○		
– m'opposer à un point de vue que je désapprouve et le discuter			○	○
– enseigner en français les étapes élémentaires d'un savoir-faire que je maîtrise	○	○		
– encourager des interlocuteurs dans un processus d'apprentissage	○	○		

Portfolio Dossier 4

	À l'oral		À l'écrit	
	Acquis +	En cours d'acquisition +/–	Acquis +	En cours d'acquisition +/–
Je peux comprendre				
– un extrait de roman de Jules Verne			☐	☐
– des couvertures et pages d'accueil de magazines papier et en ligne			☐	☐
– une correspondance privée parlant de l'actualité			☐	☐
– des flashs d'information français et francophones	☐	☐		
– des accents et des expressions de différents pays francophones	☐	☐		
– des titres d'actualité	☐	☐		
– l'organisation d'une une et d'un article de presse			☐	☐
– des points de vue différents sur un fait d'actualité			☐	☐
– des articles narratifs relatant des faits divers			☐	☐
– des articles présentant les causes et les conséquences d'un événement			☐	☐
– des informations probables mais non confirmées			☐	☐
– un extrait de théâtre évoquant le traitement de l'information			☐	☐
– quelqu'un qui me demande mes habitudes et mes goûts en matière de presse et d'information	☐	☐		
– quelqu'un qui m'interroge sur l'actualité de mon pays			☐	☐
– quelqu'un qui parle de la presse dans son pays			☐	☐
– un journaliste présentant des informations dans différentes rubriques	☐	☐		
– des journaux qui traitent différemment une même information			☐	☐
Pour m'exprimer et interagir, je peux				
– parler de la façon dont je m'informe	☐	☐		
– présenter les faits d'actualité qui m'intéressent			☐	☐
– donner des informations sur mon pays			☐	☐
– donner mon opinion sur un fait d'actualité			☐	☐
– relater un événement			☐	☐
– valoriser des causes, des conséquences, des résultats liés à des événements d'actualité			☐	☐
– évoquer des événements probables mais non confirmés	☐	☐		
– choisir des informations intéressant un lecteur étranger			☐	☐
– présenter et développer des faits d'actualité			☐	☐
– analyser (dans les images et dans les textes) des manières d'informer			☐	☐
– discuter et négocier des choix à faire dans la présentation de faits d'actualité	☐	☐		

Portfolio Dossier 5

	À l'oral		À l'écrit	
	Acquis +	En cours d'acquisition +/–	Acquis +	En cours d'acquisition +/–
Je peux comprendre				
– des textes de natures différentes incitant à l'action			☐	☐
– des pétitions pour défendre, protéger un espace, un groupe, une manifestation culturelle			☐	☐
– des incitations diverses (tracts, pétitions, correspondance, publicités) à se mobiliser			☐	☐
– des messages et des publicités faisant appel à la solidarité			☐	☐
– des récits d'implication et d'engagement			☐	☐
– des expressions variées de revendications (discours, poème, slogans...)			☐	☐
– une interview de l'auteur du best-seller *Indignez-vous !*			☐	☐
– un extrait de théâtre parlant d'engagement politique			☐	☐
– quelqu'un qui exprime des revendications			☐	☐
– quelqu'un qui me demande de prendre position sur un sujet polémique			☐	☐
– quelqu'un qui sollicite ma participation, mon aide, ma collaboration	☐	☐		
– quelqu'un qui présente ses motivations pour défendre une cause	☐	☐		
– quelqu'un qui demande de soutenir une cause importante	☐	☐		
Pour m'exprimer et interagir, je peux				
– formuler mon opinion sur des sujets polémiques	☐	☐		
– défendre mes prises de position et m'opposer	☐	☐		
– parler de mes objectifs et de mes engagements	☐	☐		
– soutenir une cause qui m'intéresse et expliquer ma contribution			☐	☐
– demander des détails sur un cas, sur une situation			☐	☐
– donner ou réserver mon adhésion			☐	☐
– encourager et aider des interlocuteurs en difficulté	☐	☐		
– solliciter de l'aide	☐	☐		
– exprimer des objectifs			☐	☐
– demander des précisions sur des intentions			☐	☐
– présenter des causes qui valent la peine de s'engager	☐	☐		
– préparer un programme pour la Journée de la gentillesse			☐	☐

Portfolio Dossier 6

	À l'oral		À l'écrit	
	Acquis +	En cours d'acquisition +/–	Acquis +	En cours d'acquisition +/–
Je peux comprendre				
– une description de tableau	☐	☐		
– des programmes de divertissement			☐	☐
– un mail amical proposant un programme culturel			☐	☐
– l'interview d'un(e) artiste			☐	☐
– un quiz de culture générale			☐	☐
– des critiques de spectacles et de divertissements (cinéma, théâtre, exposition, concert...)			☐	☐
– des citations sur l'art			☐	☐
– la fiche technique d'un film			☐	☐
– un débat autour d'un film	☐	☐		
– un extrait de pièce de théâtre sur l'art abstrait			☐	☐
– quelqu'un qui présente un programme de spectacles	☐	☐		
– quelqu'un qui pose des questions dans une interview			☐	☐
– plusieurs personnes participant à un débat	☐	☐		
– quelqu'un qui incite à aller voir un spectacle	☐	☐		
Pour m'exprimer et interagir, je peux				
– décrire un tableau	☐	☐		
– parler de mes goûts culturels	☐	☐		
– parler d'artistes français et de leurs œuvres majeures	☐	☐		
– présenter un spectacle	☐	☐		
– proposer un programme culturel dans un mail amical			☐	☐
– interviewer un(e) artiste	☐	☐	☐	☐
– poser des questions de culture générale	☐	☐		
– donner mes impressions et faire la critique d'un spectacle			☐	☐
– débattre autour d'un spectacle	☐	☐		
– montrer mon intérêt ou mon désintérêt			☐	☐
– jouer une scène de théâtre	☐	☐		
– écrire la biographie d'un(e) artiste			☐	☐
– rédiger un quiz			☐	☐
– faire le commentaire critique d'une œuvre	☐	☐		

Portfolio Dossier 7

	À l'oral		À l'écrit	
	Acquis +	En cours d'acquisition +/–	Acquis +	En cours d'acquisition +/–
Je peux comprendre				
– une chanson du groupe Mickey 3D	○	○		
– des affiches sur l'écologie			○	○
– un compte rendu de stage			○	○
– les commentaires d'un forum sur l'environnement			○	○
– des avis sur des problèmes écologiques			○	○
– des articles sur de nouvelles initiatives « vertes » en ville			○	○
– un article sur un métier peu connu			○	○
– des informations sur la durée de vie des déchets dans la nature			○	○
– un règlement avec des interdictions			○	○
– un test sur l'écologie	○	○		
– un extrait de film	○	○		
– quelqu'un qui parle de sa conscience écologique et des améliorations réalisées sur le plan écologique	○	○		
– quelqu'un qui raconte son stage de formation	○	○		
– quelqu'un qui parle de l'écologie en Allemagne	○	○		
– quelqu'un qui exprime un désir	○	○		
– quelqu'un qui exprime une information non confirmée	○	○		
– quelqu'un qui fait une demande polie	○	○		
– quelqu'un qui exprime une suggestion atténuée	○	○		
– quelqu'un qui exprime un regret	○	○		
– quelqu'un qui fait des prédictions	○	○		
– quelqu'un qui fait des reproches	○	○		
– quelqu'un qui fait des hypothèses sur le passé, le présent et le futur	○	○		
– quelqu'un qui exprime un avis pour ou contre une mesure			○	○
Pour m'exprimer et interagir, je peux				
– rédiger un couplet de chanson			○	○
– décrire mes comportements en matière d'écologie	○	○		
– faire un compte rendu de stage			○	○
– donner mon point de vue sur un problème lié à l'environnement			○	○
– faire des hypothèses	○	○	○	○
– comparer avec la situation dans mon pays	○	○		
– rédiger un règlement et interdire			○	○
– concevoir une campagne de sensibilisation			○	○

Portfolio Dossier 8

	À l'oral		À l'écrit	
	Acquis +	En cours d'acquisition +/–	Acquis +	En cours d'acquisition +/–
Je peux comprendre				
– un extrait de roman policier			☐	☐
– le résumé d'une intrigue			☐	☐
– des cas de contravention			☐	☐
– des faits divers de justice dans la presse			☐	☐
– une lettre de contestation			☐	☐
– des points de vue contrastés sur les émissions traitant d'affaires criminelles			☐	☐
– des témoignages de jurés	☐	☐		
– la composition d'une cour d'assises en France			☐	☐
– un interlocuteur étranger qui compare deux systèmes judiciaires	☐	☐		
– les étapes d'un récit sur un événement historique			☐	☐
– une démonstration qui reconstitue un raisonnement déductif			☐	☐
– le vocabulaire caractéristique des romans policiers			☐	☐
– un scénario de film qui présente l'interrogatoire d'un suspect			☐	☐
– quelqu'un qui expose des cas de justice « ordinaire »			☐	☐
– quelqu'un qui conteste une amende, une condamnation			☐	☐
– quelqu'un qui exprime ses doutes et ses certitudes			☐	☐
– quelqu'un qui raconte son expérience de la justice	☐	☐		
– quelqu'un qui présente un cas de justice civile (divorce, pension alimentaire, licenciement...)	☐	☐		
– quelqu'un qui défend un(e) accusé(e)			☐	☐
– quelqu'un qui accuse une personne			☐	☐
Pour m'exprimer et interagir, je peux				
– présenter un cas de justice	☐	☐	☐	☐
– résumer des événements et témoigner			☐	☐
– parler de la justice dans mon pays	☐	☐		
– préciser le déroulement chronologique d'une histoire			☐	☐
– débattre d'un cas de justice « ordinaire »	☐	☐		
– accuser et défendre quelqu'un	☐	☐		
– parler des héros de romans policiers que je connais			☐	☐
– contester une décision et me défendre contre une injustice			☐	☐
– discuter de l'image de la justice dans les médias	☐	☐		
– formuler mon opinion sur le rôle de juré	☐	☐		
– faire une démonstration logique			☐	☐
– résumer une intrigue policière	☐	☐		
– faire une chronique pour présenter un roman policier	☐	☐		

Portfolio Dossier 9

	À l'oral		À l'écrit	
	Acquis +	En cours d'acquisition +/–	Acquis +	En cours d'acquisition +/–
Je peux comprendre				
– une nouvelle de science-fiction			☐	☐
– des brochures publicitaires sur des circuits dans des pays francophones			☐	☐
– un texte littéraire sur la découverte d'un pays			☐	☐
– un texte littéraire sur le dépaysement			☐	☐
– une anecdote de voyage	☐	☐		
– un extrait de pièce de théâtre humoristique			☐	☐
– quelqu'un qui raconte ses comportements en voyage	☐	☐		
– quelqu'un qui explique un problème de réservation au téléphone	☐	☐		
– quelqu'un qui raconte un voyage raté	☐	☐		
– quelqu'un qui raconte ses surprises et ses découvertes en voyage			☐	☐
– quelqu'un qui fait des recommandations			☐	☐
Pour m'exprimer et interagir, je peux				
– écrire une courte nouvelle			☐	☐
– parler de mes comportements de voyageur(euse)	☐	☐		
– résoudre un problème au téléphone	☐	☐		
– écrire sur les coutumes de mon pays			☐	☐
– faire des recommandations			☐	☐
– faire le récit d'un voyage raté			☐	☐
– présenter brièvement l'histoire d'un monument historique			☐	☐
– préparer une excursion			☐	☐
– rédiger le récit d'une excursion			☐	☐

Achevé d'imprimer en Italie par Rotolito Lombarda
Dépôt légal : Janvier 2017 - Edition 07 - Collection n° 05
15/5815/4